V.-J. PELLISSIER

CONSEILS UTILES

POUR LE MARIAGE

à l'usage des JEUNES FILLES

et des JEUNES GENS

GUIDE PRATIQUE

DU

BONHEUR EN MÉNAGE

FORMALITÉS & CONTRATS

1914

DRAGUIGNAN
IMPRIMERIE A. RICCOBONO

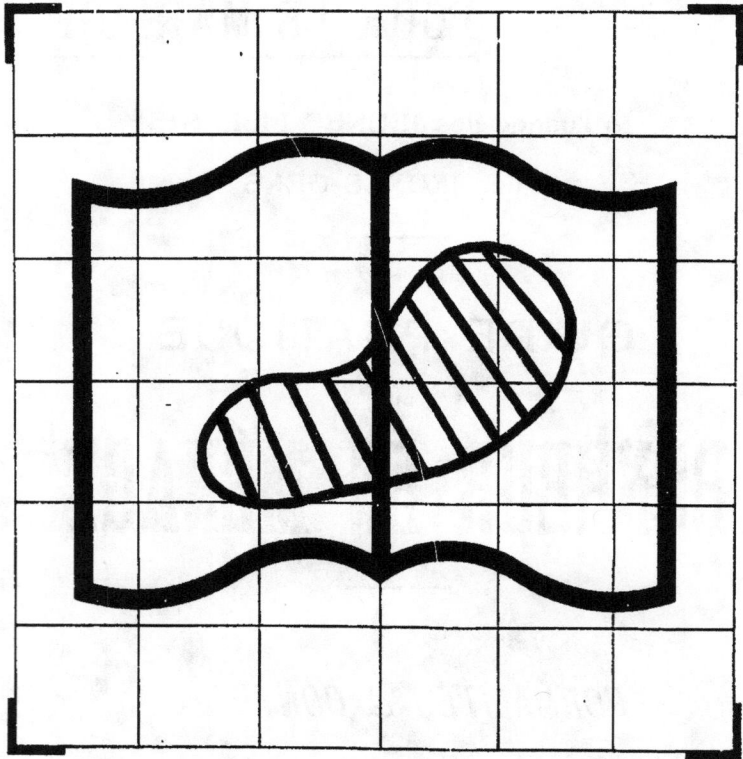

V.-J. PELLISSIER

CONSEILS UTILES

POUR LE MARIAGE

à l'usage des JEUNES FILLES

et des JEUNES GENS

GUIDE PRATIQUE

DU

Bonheur en Ménage

FORMALITÉS & CONTRATS

1914

DRAGUIGNAN

IMPRIMERIE A. RICCOBONO

Conseils pratiques

pour le Mariage

ET

Guide pratique
du Bonheur en Ménage

——

Pour notre bonheur présent,
Pour notre bonheur à venir.
Le 1ᵉʳ février 1914.

— ◆ —

NOTRE BUT

Nous avons essayé de donner dans cette brochure les meilleurs conseils à la jeunesse pour l'amener à goûter les joies d'un ménage vivant dans la paix, l'harmonie, et pour la faciliter à nouer des relations solides en vue du mariage.

Pour cela nous nous sommes basés d'abord sur les sentiments généraux de la jeune fille et sur ceux du jeune homme, et ensuite sur leurs caractères particuliers.

Ne visant que le bien, nous n'avons pas omis de mettre la jeune fille en garde contre les paroles flatteuses, les manières habiles et séduisantes de certains jeunes gens peu scrupuleux. D'ailleurs la jeune fille qui nous aura lu saura, dans la plupart des cas, reconnaître le jeune homme qui l'aime pour en faire sa femme, de celui qui « l'aime » pour satisfaire seulement, avec son « besoin » d'aimer, ses yeux, son orgueil, ses caprices d'un moment.

Quant au jeune homme aimant réellement une jeune fille qui représente l'idéal qu'il s'est fait, il saura par nos conseils (s'il en a besoin) lui témoigner son affection et se faire aimer.

Nous avons pensé qu'aider la jeunesse à contracter mariage n'était pas suffisant et qu'il fallait aussi lui donner quelques conseils pour lui faciliter le bonheur en ménage.

C'est pourquoi nous avons encore essayé d'exposer dans cette brochure ce qui contribue à rendre un ménage heureux, les égards que se doivent réciproquement le mari et la femme, et la conduite qu'ils doivent avoir pour que, non seulement la paix du ménage ne soit pas troublée, mais aussi pour que l'affection règne toujours grande et dévouée : condition essentielle de la vie heureuse.

Il est regrettable de dire, en effet, que très souvent l'ignorance de la psychologie de l'homme et de la femme amène la brouille, lorsqu'une parole bien placée, un geste habile et délicat auraient grandi l'affection.

Aussi notre brochure n'est pas seulement utile à la jeunesse et aux célibataires ; les hommes et les femmes mariés en tireront aussi bon profit.

Enfin, comme assez souvent les futurs époux sont embarrassés dans les formalités à remplir pour le mariage, et désireraient connaître les diverses formes des contrats de mariage pour choisir celle qui leur convient le mieux, nous avons réservé un chapitre à cet effet,

Répétons en terminant que notre seul but est d'aider à faire contracter mariage et de faire comprendre que la bonne harmonie d'un ménage dépend presque uniquement du savoir faire des époux. Et satisfaits nous serons si, comme nous le pensons, nous parvenons à faire quelques heureux de plus !

II

Il faut se marier ;
chacun le peut

Vous est-il arrivé d'examiner attentivement comment se sont produits les mariages de personnes que vous connaissiez bien ? Un petit nombre seulement pourraient répondre d'une façon affirmative. D'ailleurs, rarement on a jugé utile d'y réfléchir.

On se souvient que le mari et la femme se sont « courtisés » pendant quelque temps, qu'un beau matin on a vu leurs noms affichés à la porte de la mairie, que le « oui » solennel a été prononcé. On s'est dit « Il (ou elle) a de la chance » Puis... c'est à peu près tout ce qui a frappé l'esprit ; le mariage fait, on ne s'est presque plus occupé des mariés.

Rarement on a essayé d'étudier les raisons pour lesquelles deux êtres ont uni leur destinée, quelles circonstances les ont amenés à lier connaissance, pourquoi de la « cour » ils sont passés au « jardin fleuri de l'amour » malgré quelquefois leur différence de situation, d'âge, d'opinion et de fortune.

Rares sont encore ceux qui ont essayé d'examiner pourquoi certains époux continuent à vivre heureux en ménage, alors qu'on semblait prévoir le contraire.

Eh bien ! les deux êtres que vous voyez maintenant unis, se sont mariés parce que l'amour est toujours un peu « enfant de Bohême », parce que l'amour est un sentiment puissant, irrésistible, dont a su se servir celui qui fait le « bon mariage ».

Nous verrons plus loin, en détail, la façon d'utiliser ces sentiments, dans les chapitres concernant les désirs de la jeune fille et ceux du jeune homme.

Nous voulons seulement faire remarquer ici que nous voyons tous les jours s'opérer des unions durables malgré des disproportions de rang entre les deux conjoints, et que ceux que nous appelons les chanceux, et que dans notre for intérieur nous jalousons peut-être, ont eu bien moins de *« chance »* que d'*initiative et de science dans l'art de contracter mariage*. Quelques-uns de ces « chanceux » ont été dressés par leurs amourettes auxquelles, en gens sans scrupules, ils se plaisaient pour occuper leurs loisirs, et involontairement ils se sont façonnés dans l'art de séduire. Quelques uns sont des psychologues réfléchis qui, après avoir bien tracé leurs plans de campagne, ont fait jouer victorieusement la corde de l'amour. Les

autres ont « touché » juste parce qu'ils y ont
été aidés par des personnes plus habiles ou
plus expimentées qu'eux, ou encore ils sont
allés à l'aventure, ont « tenté » de faire vibrer
la corde de l'amour, et ils ont « touché »
juste sans trop savoir comment ils s'y sont
pris. Voilà toute la « chance ». Apprenez
donc à vous faire aimer.

Pour vous convaincre que nous disons
juste, et que captiver un cœur est un art,
rappelez-vous seulement ces paroles que
vous avez tous entendues de la bouche des
personnes plus âgées et par conséquent
plus expérimentées et connaissant mieux
les penchants de l'homme en amour : « Ah !
si je redevenais jeune !... » ou « Si j'avais su
à vingt ans ce que je sais aujourd'hui !...» etc.

Mais vous avez peut-être aussi entendu
dire par les vieux célibataires « J'ai manqué
de belles occasions .. maintenant il est trop
tard !... » Non, il n'est jamais trop tard. S'il
est vrai que le vieux garçon trouve assez
difficilement à se marier avec une jeune fille
de vingt printemps, il peut trouver facilement à se marier avec une demoiselle ayant
« coiffé Ste-Catherine », car à cet âge la
demoiselle désire ardemment entrer en
ménage et elle s'accroche désespérément à
n'importe quelle « épave » qui lui paraît
quelque peu solide, regardant bien moins
la fortune, ou la situation plus ou moins

brillante de son futur conjoint, que son caractère et ses qualités physiques et morales. Ce que nous disons pour le vieux garçon s'applique aussi à la vieille demoiselle.

Qu'on ne croit pas à la façon dont nous venons de parler que nous voulions diminuer la noblesse du mariage qui semble tout de dévouement, où n'entre en aucune façon l'idée d'intérêt, et d'égoïsme par conséquent ; ce qui fait penser un moment que les deux êtres qui s'unissent sont prédestinés et n'ont nullement calculé l'intérêt, même s'il s'y trouve quelquefois mêlé.

La jeunesse dit volontiers que le vrai amour doit être irréfléchi, que « le cœur a des raisons que la raison ne comprend pas ».

L'amour ainsi compris procure sans doute le bonheur parfait tant que les deux âmes unies d'un amour irréfléchi continuent à vibrer à l'unisson. Malheureusement on se fatigue de tout. Le fol amour passé, on voit les imperfections du conjoint, on se trouve désillusionné en partie, et on s'aperçoit, trop tard, que les « raisons du cœur » ont trompé la raison qui vient toujours fatalement... C'est pourquoi la jeunesse se trompe souvent sur la valeur et la durée de ses amours.

Ce qui fait que la jeunesse (les jeunes filles surtout) rêve un amour irréfléchi, c'est que, comme les poètes, elle croit à la prédes-

tination, que chaque âme a une «âme-sœur»
marquée d'avance pour son amour. La
jeunesse se trompe. Si une âme reconnaît
son « âme-sœur » c'est qu'elle la connaissait
auparavant : il n'y a donc pas « prédestination » en amour.

Essayons, d'ailleurs, de voir ce qui se
passe en amour. Le besoin d'aimer pousse
la jeunesse à s'attacher à la première
« personne » qui veut bien se laisser aimer
et qui, par conséquent, a aussi envie
d'aimer. Si la personne choisie n'a pas les
qualités désirées, la jeunesse supplée alors
à ce manque de qualités par des illusions
innombrables plutôt que de se passer d'aimer ; elle en arrive même à se figurer qu'elle
aime « telle » personne, alors qu'elle n'aime
que les nombreuses illusions qu'elle met en
elle.

S'il est vrai que la première amourette
est celle qui laisse la plus profonde trace
dans l'esprit, ce n'est pas parce que la
première personne aimée était l'idéal ; c'est
seulement parce que cette amourette a été
la « première ». Du reste, ce n'est généralement qu'après quelques amourettes qu'on
conçoit le « type » qu'il « faut » aimer et pour
lequel on est dès lors en recherche : « type »
qu'on ne trouve pas parce que c'est un idéal ;
et on s'attache alors à la personne qui s'en
rapproche le plus.

Ne nous vouons donc pas au célibat parce
que « telle personne » que nous aurions
« désirée », et que nous étions peut-être
portés à croire notre « âme-sœur » prédestinée, nous a échappé. Cette personne n'a
pas écouté notre amour, elle n'était donc
pas notre idéal, car l'aimant, nous voulions
aussi être aimés... ; elle était encore moins
notre « âme-sœur » prédestinée.

Ne croyons pas à la « prédestination » ;
et ce n'est pas parce qu'une personne a
délaissé notre amour que nous ne pourrons
plus « aimer », ni nous marier.

Demain je vais habiter à cinquante lieues
d'ici où je laisse avec beaucoup de regrets
une personne que j'aime follement. A mon
départ je pleure... j'ai envie de mourir !...
Dans ma nouvelle résidence je pense encore
beaucoup à l'âme chérie dont je me suis
éloigné... Mais voici que mon âme se tran-
quillise à mesure que je fais connaissance
avec ma nouvelle voisine. D'abord mon
imagination met en ma voisine un peu des
grands et parfumés cheveux de « celle » que
je regrette, un peu de sa physionomie claire
et souriante, un peu de ses yeux bleus et
langoureux... Petit à petit ces illusions
s'évanouissent ; elles deviennent inutiles ;
et en présence de ma voisine je suis bientôt
aussi heureux que lorsque j'étais avec
« celle » qui fut mon adorée. L'une était

blonde, l'autre est brune, mais elle m'est aussi jolie... je l'aime ! Le besoin d'aimer, naturel et impérieux, est là, et j'aime ma voisine ! Bien plus, je découvre en elle des qualités que je n'avais pas rencontrées ailleurs, (selon la règle de l'amour je m'arrête peu aux défauts) ; aussi je veux désormais lier mon existence à celle de ma voisine, et j'attends impatiemment l'heure où le mariage m'unira à elle pour toujours !...

D'après cet exemple nous serions « pantins » en amour !... Mais quel est celui qui n'est pas un peu « pantin » ?

Bon gré mal gré nous portons successivement notre amour d'une personne à une autre, jusqu'au moment où nous croyons bon d'affronter à deux les difficultés de la vie, et où, pour diverses raisons, nous pensons les vaincre plus facilement et par suite goûter plus de joies.

Ainsi le mariage qui semble rempli de sentiments nobles cache aussi des sentiments peu élevés : l'intérêt et l'égoïsme y entrent toujours plus ou moins directement. On « aime » rarement une personne d'une condition bien inférieure à la sienne, excepté quand on est jeune ; mais on « aime » vite, et on est bientôt tenté de se marier si l'on « courtise » une personne d'une condition supérieure à la sienne parce qu'on sent que la vie pourra être plus facile et plus agréable.

L'usage de la dot, et le contrat garantissant cette dot montrent aussi que le mariage n'est pas encore un acte d'une morale très pure.

Nous croyons avoir suffisamment exposé qu'on ne doit pas se livrer au désespoir parce que l'on n'a pas été « aimé » par la personne avec laquelle on aurait voulu s'unir. Au contraire il faut remarquer qu'un « échec » vient généralement de ce qu'on a été malhabile ; il faut donc chercher à tirer de « l'échec » d'utiles observations pour les mettre à profit à la prochaine occasion : car les occasions ne manquent pas quand on n'est pas trop « difficile » ; le tout est de savoir les utiliser. C'est là l'art de plaire dont nous donnons quelques règles dans les chapitres VI et VII.

III

Ne restez pas
vieilles demoiselles

———

Mariez-vous donc, vous qui êtes à l'âge
de l'enthousiasme, de la flamme. Vous le
pourrez par nos conseils ; vous, que les
charges du mariage effrayent, lisez ce qui
suit et vous n'hésiterez plus.

L'homme et la femme mariés, malgré les
charges et les soucis qui semblent être le
noir cortège du mariage vieillissent moins
vite que les personnes restées célibataires.

Regardez la vieille demoiselle (nous
parlons de celle d'environ 45 ans), de nombreuses et profondes rides labourent son
visage. Toute la poudre, tout le fard dont
elle use, toute l'élégance recherchée de son
costume, n'arrivent pas à dissimuler sa
tristesse, ni la trace des ennuis que lui a
donnés le célibat. Tout au plus peut-on dire
d'elle que « de loin elle n'est pas trop mal ».
Et elle doit s'estimer heureuse quand elle
n'a pas perdu toute coquetterie (car une
femme « doit » être quelque peu coquette)·

et quand elle ne « prend » pas la vie en
dégoût et ne tombe pas dans un état neuras-
thénique.

Le cœur d'une femme est fait pour aimer,
et la vieille demoiselle ne sait où porter son
affection ! Pauvre demoiselle !... Elle a toujours cru que l'amour était presque l'unique
raison de vivre, et... elle ne peut le goûter...
Que doit lui peser sa vie de célibat !

N'ayant pas l'Etre qu'elle adorerait et
pour lequel elle se sacrifierait si volontiers,
elle se résigne à caresser... son vieux chat
qu'elle pare de rubans. Son imagination
donne à ce chat des sentiments humains,
même une forme humaine ; et elle lui parle,
elle devine presque toutes ses « pensées »,
elle l'assied près d'elle à table... Le chat
devient son compagnon d'intérieur.

Son compagnon du dehors, c'est le chien,
petit ou gros, plutôt gros que petit. Elle
prend en lui un peu de la protection puis-
sante et bonne du mari qui lui manque. Elle
sait, hélas ! combien est nécessaire cette
protection La pratique de la vie lui a appris
combien souvent la femme manque de jugement, de réflexion, de savoir dans la pratique
des affaires, et combien aussi elle est peu
autoritaire auprès des hommes avec lesquels
elle a des intérêts liés ! Elle sait par expérience que les hommes font trop souvent
passer l'intérêt avant la morale, les questions

d'argent avant le respect du faible ! Réfléchissez-y, jeunes filles !

Aussi la vieille demoiselle adore ce chien qui, s'il ne prend le souci de mener à bien les affaires, semble du moins la protéger. Quand elle sort, elle le tient toujours en laisse, ainsi, même dehors, elle ne se croit plus tout à fait seule.

Et cependant malgré toutes les tendresses que la vieille demoiselle peut avoir pour son chat ou pour son chien (si elle les a). ceux-ci ne lui suffisent pas ; et alors elle s'en va souvent chercher... dans la religion l'Etre protecteur sur lequel elle déverse son affection.

Puisse la Religion, apporter dans son âme un foyer d'espérance et de joie !...

Quel plaisir peut donc goûter la vieille demoiselle ? Toutes ses joies sont ternies par la perspective du « bientôt » et du « lendemain » sombres. Si le travail est pour elle une nécessité, qu'il doit lui être pénible ! Elle ne voit dans son labeur que le besoin de satisfaire sa faim, et de s'assurer un pain noir pour des jours encore plus mauvais. Tandis que la mère de famille travaille volontiers parce qu'elle a à côté d'elle un mari avec qui elle se récrée, et parce que ses fatigues bénéficient à ses enfants, elle peine sans entrevoir à l'horizon un point bleu, une lueur de joie franche ! Sa tâche journalière

achevée, la voilà à contempler la misère de
sa solitude ; après le travail, la solitude, le
cruel ennui ! Si le travail n'est pas pour elle
une obligation, c'est l'ennui, l'ennui triste et
désolant, toujours !

En vain l'on dira que la vieille demoiselle
a des parents qui l'aiment, des nièces,
des neveux qui l'affectionnent, des amies
dévouées,... elle sent que rien ne vaut un
époux, ni un enfant qui serait à elle, et que les
autres affections ne renferme souvent qu'hypocrisie, Ah ! l'héritage !.. la nécessité d'a-
voir une amie !... C'est pourquoi l'affection
et l'amitié qu'on a pour elle ne sont pas
toujours exemptes d'égoïsme.

Comment dans une telle situation la
vieille demoiselle pourrait-elle vivre en par-
faite santé ? Le désir de l'amour qu'elle ne
peut goûter avive ses sensations physiques
et morales, comme on raffole d'un fruit qui
plait et qu'on voit mais qu'on ne peut saisir;
c'est là, souvent, pour elle une cause d'affaiblissement prématuré. De plus elle a à
supporter les ennuis terribles de la solitude
et les horreurs d'une vie sans affection !
C'est une âme malade qui s'étiole lentement !

Le viel adage « mens sana in corpore
sano » est toujours juste, et la vieille demoiselle devient malade physiquement et
moralement. Il suffit de converser quelque

peu avec elle pour découvrir les meurtris-
sures de son cœur, le désenchantement de
son âme, et le dégoût qu'elle a pour la vie.
Pour elle la vie « c'est bien bête », et partant
de ce principe elle est portée à faire les
pires bêtises..,

Mais elle n'ignore point que la vie a
encore des charmes pour les femmes
mariées de son âge, et elle est jalouse du
bonheur de ces personnes. Quelquefois
elle est même jalouse de chacun, et sa
jalousie est mêlée de rage. Souvent elle
voudrait rendre toutes les personnes aussi
malheureuses qu'elle. Pour cela elle n'a
qu'un outil : la critique, et elle en use. Elle
est souvent dans l'ombre, hypocrite, hai-
neuse, méchante, mettant en exercice sa
longue langue envenimée, semant partout
la discorde, prenant le bas et lâche plaisir
de se moquer, de dénigrer ! Elle se sent
contente quand elle croit que sa critique
méchante a porté. Et puis, alors elle se croit
une illustre personne !.., Elle n'a pas songé
que les petits bambins qui vont à l'école se
sentent aussi fiers qu'elle, lorsque par une
bêtise ou un cri quelconque ils ont provoqué
le rire de leurs camarades : ces bambins,
nous les excusons, ils sont jeunes...

Il est vrai que nous n'attachons pas
grande importance aux critiques de la vieille
demoiselle, nous les négligeons ; et ceux qui

les écoutent essayent moins de les retenir que de faire sur la personne de la vieille demoiselle quelques observations psychologiques toujours amusantes.

La jalousie, la méchanceté, l'égoïsme sont des marques de faiblesse de la vieille demoiselle. Que de fois encore son cerveau ne s'affaiblit-il pas à tel point qu'elle tombe dans la neurasthénie qui, quelquefois s'aggrave et devient folie !

Cependant pour être justes nous devons ajouter que nous rencontrons aussi de vielles demoiselles de cœur qui font du bien et se dévouent quelquefois. Mais celles-ci sont plutôt rares.

Et vous, jeunes filles, qui avez encore l'avantage de vous tirer de cette Roche Tarpéienne qu'est le célibat, n'hésitez plus. Lisez-nous attentivement aux chapitres VI et VII, et vous nous en saurez bon gré, nous en sommes convaincus.

Ne restez pas vieux garçons

Ne croyez pas que si nous avons dit quelques vérités sur la vieille demoiselle nous l'ayons fait par une sorte d'antipathie fantaisiste pour elle. Nous l'avons fait en ami, et les vrais amis disent ouvertement ce qu'ils pensent sans crainte de fâcher.

D'ailleurs, nous allons aussi critiquer la vie du vieux célibataire qui, comme la vieille demoiselle, est rivé à une foule de manies ou défauts qui font souvent de lui la risée du public, et à des passions qui minent sa santé et lui amènent souvent une mort prématurée.

D'abord le vieux célibataire, en général, n'a pas évolué comme il convient à un homme : son caractère, son jugement, ne sont pas toujours ceux d'un homme mûr. Il a généralement peu d'expérience et cela se conçoit; la passion de l'amour, dont il n'a pu goûter tous les charmes, l'a préoccupé presque toute sa vie au détriment des questions sociales, et en société il est plutôt un « homme-enfant. »

Aussi est-il, en général, moins considéré qu'un homme marié. Heureusement pour

lui que cela blesse rarement son amour
propre. Il supporte même assez volontiers
cette déconsidération ; car il reconnaît que
les autres, mariés, ont au moins sur lui la
supériorité d'avoir épris un cœur et mérité
assez de confiance pour qu'un être voulût
lier son existence à la sienne..., ou celle
d'avoir eu assez de courage pour se marier.

Il est plus souvent gai que la vieille
demoiselle. Cependant nous le plaignons
dans sa gaîté. Le pauvre !.. Son rire est
assez rarement celui d'un homme.

Quelquefois il a le front pensif, rêveur.
C'est qu'il se voit malheureux lorsqu'il
compare sa situation à celle de ses camarades d'enfance, mariés depuis. Quand il
rentre chez lui, après son travail, il n'a pas
la joie de voir venir à sa rencontre des
bambins chéris, ni celle de se délasser en
perdant son regard dans les yeux aimés de
sa femme.

On le voit peu souvent user d'initiative,
tenter des entreprises : il se contente de
végéter ; « après lui, le déluge ». « Le travail
c'est la vie », il la fait aimer ; mais, pour le
vieux célibataire, il n'en est pas tout à fait
ainsi. Le vieux célibataire aime rarement le
travail, il travaille en découragé et le moindre
effort lui est presque toujours un supplice.
Comme la vieille demoiselle, il ne voit dans
son travail que le fruit du besoin immédiat ;

soulager sa faim et donner suite aux vices auxquels il s'est habitué.

Il économise rarement, il ne veut pas se préoccuper du « lendemain », ou bien il est avare à l'excès et uniquement parce qu'il se sent isolé et faible et que son avenir lui paraît sombre dans ce monde où le nombre a toujours le dessus.

Le vieux garçon considère quelquefois la vie comme un voyage en train de plaisir, à diverses classes toujours, où il faut se griser pour oublier les haltes forcés et ne pas voir le moment fatal où le mécanicien, lui-même énivré par la course folle, le donnera en proie à la mort dans une terrible catastrophe. Le célibataire qui s'imagine ainsi la vie court aux plaisirs de toutes sortes, veut profiter « de la vie », de toutes les occasions qui s'offrent à lui de se réjouir. Mais après un temps plus ou moins long il est lassé, blasé, et, ne pouvant plus éprouver du plaisir, son imagination bientôt « broie du noir » ; ou bien, avant d'être fatigué, il se trouve obligé de s'arrêter, contraint par le besoin ou la maladie..., et il est dès lors encore condamné à vivre malheureux.

Il lui arrive alors de ne pouvoir supporter sa « nouvelle vie », moins agréable, et de l'abréger par le suicide.

Ou bien le vieux garçon suppose que la vie est, pour lui, comme un voyage en train

de déportés où l'on n'entend que lamenta-
tions et gémissements, et où il faut souffrir
en attendant d'arriver à la terre brûlante où
tout se consumera dans l'oubli. Il s'imagine
alors que toutes les forces de la nature se
sont liguées contre lui pour le rendre
malheureux, que les hommes eux-mêmes
sont pour quelque chose dans ses misères,
et qu'ils sont heureux de son malheur. Aussi
est-il le jouet facile des factions politiques et
sociales qui lui proposent de lui améliorer
le sort à la condition qu'il lutte, sous une
bannière commune, dans les rangs d'autres
frères de son état, contre les hommes
auxquels la fortune sourit et dont, après
victoire, on partagera le bonheur. Mais en
attendant que son sort soit amélioré, il se
décide assez souvent à goûter les quelques
plaisirs que lui laisse la méchante vie. Les
sensations physiques qu'il ne peut goûter
dans tout leur charme, et que son imagination avive, deviennent d'autant plus ardentes
qu'il a plus de loisirs : c'est le commencement
de la débauche (femmes, alcool, tabac...) lui
causant toujours un affaiblissement physique et moral.

Quelquefois encore, quoique plus rarement, le vieux garçon s'imagine que la vie
est un train de déportés expiant (selon la
religion), en dignes successeurs, les fautes
des prédécesseurs, et devant souffrir patiem-

ment pour gagner une vie meilleure. Les vieux célibataires qui comprennent ainsi la vie, ayant l'espoir de se reposer un jour sur les terres veloutées et fleuries d'un Paradis, supportent d'une façon bénévole leurs misères et ils aspirent d'autant plus à mériter ce séjour de félicité qu'ils entrevoient, derrière les cloisons du Paradis, les flammes ardentes d'un Enfer éternel. Le ministre de la religion à laquelle ils appartiennent devient leur confident ; eux sont leurs amis dévoués. La vie sur cette terre n'est rien pour eux que misères ; aussi que ne feraient-ils pas pour gagner l'Autre ? C'est pourquoi (pourvu qu'ils soient un peu croyants) ils ne négligent pas, lorsqu'ils sont vieux et que leur être physique et moral s'est affaibli, de tenter toutes les chances pour gagner une vie meilleure. Dès lors ils ne craignent même plus de tomber dans le ridicule. Ils affectionnent certaines manières (ou plutôt manies) qui font véritablement d'eux la risée publique. Mais à eux, peu leur importe le public ; ils ne sont presque plus de ce monde !

En tous cas, de quelque manière que le vieux garçon " prenne " la vie avant d'être vieux, il lui arrive bien souvent d'en être dégoûté lorsqu'il atteint la cinquantaine.

Le père de famille tient à la vie pour sa femme, pour ses enfants ; mais le vieux

célibataire est seul et s'il voit que des
personnes feignent de s'empresser autour
de lui, il reconnaît aisément (quoiqu'il soit
fâcheux de le dire) que presque toujours
ces personnes ne sont guidées que par un
sentiment hypocrite et intéressé.

La vie de ce monde n'ayant presque plus
d'attrait pour lui, il en arrive à se négliger
lui-même. Pourquoi prendrait-il soin de sa
personne ? Que la mort arrive deux ans plus
tôt ou plus tard, peu lui importe. Pourquoi
aurait-il une tenue correcte et tant d'ordre
et de propreté sur sa personne ? Cela
changerait en rien sa triste situation de
vieux célibataire !... Et on est porté à
l'excuser quand on considère sa situation.

En terminant nous ne voudrions cependant pas omettre de dire que le vieux célibataire possède en général une qualité : il
est bon et généreux.

Mais, jeunes gens, que le désir de cette
qualité ne vous fasse pas envier le célibat !
D'ailleurs, étant mariés, rien ne vous empê-
chera de faire le bien, et, tout en bénéfi-
ciant des joies que procure le foyer, vous
montrerez que vous êtes hommes, que
vous détestez la lâcheté et l'égoïsme qui
causent quelquefois le célibat et vous
remplirez mieux aussi le rôle qui vous est
réservé. Cela dit nous vous prions de nous
lire attentivement aux chapitres VI et VII.

Célibat Excusé

Après ces critiques sur la vie des célibataires nous ne saurions aller plus loin sans
dire deux mots sur certains célibataires
(hommes et femmes) dont le célibat est
plein de noblesse.

La fille au grand cœur qui fait les vœux
sincères de chasteté et d'abandon de tout
ce que la terre a de souriant, pour se
dévouer entièrement aux misères de l'humanité, mérite notre admiration ! et notre
respect.

Celle dont les parents par convenance, ou
pour quelque autre raison (égoïste souvent),
n'ont pas agréé l'Etre qu'elle aimait et qui
l'aimait, et l'ont ainsi obligée d'attendre un
époux "convenable" jusqu'au jour où...
il ne s'en présente plus, mérite bien notre
compassion.

Celui qui, se sachant sérieusement
atteint par la maladie, ne veut rendre un
conjoint malheureux, et veut moins encore
faire peser sur des enfants innocents une

tare qui ferait d'eux des déshérités de la vie,
est excusable, louable même.

Le travailleur infatigable et austère, qui,
penché sur sa table de travail, néglige les
plaisirs et oublie l'amour pour donner par
ses veilles un peu plus de bien être à
l'humanité, est bien digne de nos éloges...
....
Ainsi il faut quelquefois excuser le
célibat.

———

Désirs du Jeune Homme
et Conseils à la Jeune Fille

En abordant le chapitre concernant les désirs du jeune homme, nous ne saurions trop recommander aux jeunes filles de nous bien prêter attention. Sûrement nos observations leur profiteront.

Nous sommes même persuadés que si notre modeste brochure tombe entre les mains d'une mère de famille, celle-ci s'empressera de la faire lire à sa jeune demoiselle, car la jeune fille sera plus frappée par les conseils d'un inconnu, passant par hasard, que par les conseils d'une bouche qu'elle est trop habituée à entendre parler et qui ne prouve pas assez.

Pour exposer les désirs du jeune homme nous devons suivre un plan. Les désirs de l'homme étant en corrélation constante avec sa situation, ses forces physiques, son expérience et son savoir sur la pratique de la vie et par suite variant avec son âge, nous parlerons successivement :

1° Des désirs du jeune homme avant et pendant son service militaire.

2° De ses désirs de 24 a 30 ans.

3° De ses désirs à plus de 30.

L'une des plus grandes précautions du garçon à peine sorti de l'école est en général de connaitre la « femme » et les lois sexuelles. Quand l'occasion d'entendre parler « femme » se présente à lui, il ouvre toutes grandes ses oreilles curieuses de savoir et apprend beaucoup de choses, Enfin il comprend à peu près ce qui ne lui était que « mystère » lorsqu'il était enfant ! Il en est fier, et ce savoir incomplet avive ses sensations.

Le voici maintenant avec ses quinze ou seize ans, plein d'activité physique et sous l'empire d'une imagination sans frein. Rien ne lui parait impossible car il n'a encore subit aucune désillusion. Pourquoi ne commencerait-il pas à flirter ? Il n'est plus un enfant : déjà les moustaches s'annoncent ; il est fort, agile, adroit, savant ; son travail peut le nourrir !... Pourquoi donc ne se hasarderait-il pas à « courtiser » une jeune fille, celle qui habite à l'angle de la rue par exemple, et qui semble « bien », à se faire aimer par elle et à en être le cajoleur ? Certes il se croit aussi beau garçon que son voisin, âgé seulement d'un an de plus, qui s'arrête parfois un instant à causer avec la jeune

employée du magasin de nouveautés ! Ce lui
serait si doux de perdre amoureusement son
regard dans les yeux de la jeune fille que
déjà il envie, d'admirer sa jolie bouche, ses
beaux yeux, ses grands cheveux... ! Et,
encouragé par toutes ces pensées, il part en
conquête.

Mais cette jeune fille que son imagination
connaît mieux que ses yeux et qui déjà fait
fortement vibrer son cœur, est-elle son
idéal ? Non, puisque son imagination la
transforme déjà dans son esprit ; non encore,
puisqu'il l'a choisie presque au hasard. Il
veut seulement « aller » vers elle parce qu'il
éprouve le besoin d'aimer et parce qu'il
pense que cette jeune fille, qui en somme
ne semble « pas mal », se « laissera » aimer.

Plein d'illusions et de confiance, il
« s'aventure », cherche d'abord toutes les
occasions pour jeter un regard sur celle qui
vit dans son imagination et lui parler si
possible. Pour cela, il ne néglige pas de faire
au besoin un long détour ; tant pis si son
travail et ses jambes en souffrent un peu.
Ne se trouvera-t-il pas amplement dédom-
magé lorsque enfin, ses yeux fascinés, son
âme tressaillant d'allégresse, il se trouvera
en face de l'Objet aimé, et que d'un geste
élégant et gracieux il se découvrira tout bas
le prononcera avec plus ou moins d'assurance et de respect « Bonjour mademoiselle

Unetelle. » S'il est compris il débordera de joie, et, encouragé par sa victoire, il engagera bientôt un « brin » de conversation pour exprimer son « amour ? »

Si ses démarches restent infructueuses (chose rare) il en sera d'abord grandement affligé, puis, par amour - propre ou par orgueil, tâchera d'avoir plus de succès ailleurs ; et quand il aura réussi il ne sera que plus satisfait de sa conquête.

Nous disons avec raison que les "démarches infructueuses" sont rares, car la jeune fille éprouvant aussi la nécessité d'avoir un être qui fasse vibrer son cœur et que ses yeux puissent admirer (et préférant souvent le dernier venu parce qu'elle peut placer en celui-ci des illusions plus nombreuses), répondra volontiers, quoique timidement d'abord, au regard et au bonjour du jeune homme. A partir de ce moment les deux êtres se sont compris.

Enhardi par son succès, voulant aimer, et son imagination donnant de belles couleurs à ses rencontres, le jeune homme se figure bientôt que la jeune fille qu'il a choisie ne saurait être remplacée par aucune autre. Il voulait l'aimer, et déjà il l'aime.

N'a-t-elle pas de beaux yeux qui savent le comprendre ? N'est-elle pas douce, aimante ? Ne sourit-elle pas volontiers, et surtout plus volontiers avec lui qu'avec les autres ? Si elle est forte, elle " est " douce, affectueuse, posée, pleine de majesté ; si elle est mince, elle " est " souple, leste, élégante ; si elle est familière, elle " a " une modestie bien placée ; si elle est fière, ce n'est pas qu'elle " soit " orgueilleuse, mais c'est qu'elle porte bien son costume, et qu'elle " a " du goût et de jolies manières ; si elle est embarrassée à parler, c'est qu'elle " est " intimidée , si elle est expansive, elle " est " intelligente ...; et comme l'a si bien dit Molière :

« . . . La pâle est au jasmin en blancheur comparable ;
La noire à faire peur, une brune adorable ;
La maigre a de la taille et de la liberté ;
La grasse est dans son port pleine de majesté ;
La malpropre sur soi, de peu d'attraits chargée
Est mise sous le nom de beauté négligée... »

Ainsi le jeune homme, avant vingt ans surtout, ne trouve que qualités en la jeune fille qu'il aime.

Quel que soit le caractère de la jeune fille il tâche de s'y accomoder ; il n'en voit pas les défauts. Si pourtant des fâcheries surviennent, c'est souvent la jeune fille qui les veut, ou les cause, quant à lui il en est vivement affligé, il en souffre profondément. Cependant il ne demande à la jeune fille aucun perfectionnement puisqu'il ne lui connaît pas de défauts, et il s'efforce, tout en souffrant

moralement mais bénévolement, de se faire
aimer encore et d'éviter de nouvelles brouil-
les. Bien entendu ces fâcheries durent peu :
c'est un peu comme chez les enfants, et
souvent l'amour revient ensuite plus fort.

Pour montrer combien le jeune homme
souffre d'une fâcherie, nous reproduisons
ci-dessous ces vers (sans valeur littéraire,
cela s'entend) d'un camarade qui, à seize
ans, fâché un soir avec une jeune fille qu'il
aimait, renoua le lendemain d'un amour plus
fort, et voulut garder le bracelet de son
Aimée pour avoir sur lui un souvenir de cette
heureuse réconciliation.

LE BRACELET

Nous avions eu hier soir une petite fâcherie,
La Discorde voulait troubler la rêverie,
Et, pour un mot mal placé, pour moins qu'un rien,
On s'était séparé sans se serrer la main...
Discorde cruelle, oublies-tu, lorsque tu sèmes
Ton venin, qu'il y a de jeunes cœurs qui s'aiment !
Quand même tes ailes ne fassent que frôler
Les deux cœurs amis, sais-tu qu'ils voient s'envoler
Loin d'eux, pour toujours, leur plus beau, leur plus
                                    [doux rêve ?...
Ainsi hier au soir, semblait parti sans réserve,
Notre bonheur ! Mais tout le courroux des cieux
Ne peut rien contre l'amour de deux beaux yeux.
Nos cœurs s'étaient blessés, tu t'en souviens,
                                    [Mignonne !...
Mais aimons-nous encor ; l'amour est monotone

Sans brouille. Serrons-nous bien fort la main ce soir,
Regardons-nous bien, dans nos yeux voyons l'espoir ;
Et puisque nos lèvres qui voudraient des largesses
Ne peuvent avoir une divine caresse,
Echangeons, en souvenir, un objet coquet,
Ne serait-ce qu'un bracelet...

Ainsi pendant les amours de la jeunesse
on est vite fâché et vite réconcilié. Le besoin
d'aimer est là. Il semble qu'on n'aimera
personne autre, qu'on est deux âmes-sœurs
prédestinées, qu'ailleurs il n'y a pas de
bonheur possible, et qu'après une fâcherie
il faut s'aimer encore et bien fort.

Le jeune homme se figure donc que sans
cette jeune fille qu'il aime maintenant il ne
pourra pas vivre heureux ; et cela se conçoit
puisqu'il n'en « connaît » pas d'autres. Il
n'examine pas si cette jeune fille conviendra
à la situation qu'il aura. Il ignore tout, ou
presque tout, de la pratique et des difficultés
de la vie, c'est pourquoi il n'attache pas
d'importance au caractère ni à la situation
de « Celle » avec qui il veut passer sa vie.
D'ailleurs il est jeune, elle l'est aussi ; il
croit qu'il arrivera facilement à se créer la
position enviée, et qu'elle pourra y parvenir
sans plus de difficultés. Et puis, il pense que,
si par extraordinaire aucun d'eux n'y arri-
vait, cela importerait peu, et qu'ils seraient
quand même heureux puisqu'ils s'aiment
bien. Heureux espoir ! !

Aussi, sans se soucier beaucoup de l'avenir, le jeune homme brûle d'être en possession du cœur adoré, et bien souvent il romprait avec la mode (assez logique celle-là) de ne se marier qu'après avoir satisfait à la loi militaire, s'il savait d'avoir l'approbation paternelle.

Pour unir son cœur à celui de la jeune fille aimée il attendra donc son retour du service militaire, il attendra trois ans, et après ces trois ans... il changera d'avis la plupart du temps !

Pour prévenir ce manque de promesse qui emplira de chagrins l'âme de la jeune fille devons-nous conseiller au jeune homme de se marier avant son départ pour l'armée ? Nous-mêmes nous ne le lui conseillons pas, car, avec notre vie de ce siècle, l'amour, nous l'avons dit, doit être mêlé d'un peu de raison ; et le changement d'idées survenant chez le jeune homme après son service militaire prouve qu'il s'était trompé dans ses amours.

Jusqu'ici nous avons parlé du jeune homme sincère, de celui qui aime avec l'intention de faire un jour sa femme de la jeune fille aimée : jeune homme de vingt ans de plus en plus rare de nos jours.

En effet, combien de jeunes gens avant leur service militaire se plaisent, pour satisfaire leur orgueil, leur égoïsme, leur passion,

de « courtiser » plusieurs jeunes filles l'une
après l'autre, ou même plusieurs à la fois,
et font entrevoir à toutes le mariage parce
qu'ils savent que le service militaire les
éloignera ensuite de ces jeunes filles, et que,
le temps amenant l'oubli, il ne restera à leur
retour du service plus rien, ou peu de chose !
A ce moment s'ils sont accusés d'indélicats,
d'hypocrites, ils se poseront au besoin en
victimes. Et ils se dirigeront ailleurs sans
trop songer aux cruelles désillusions et à la
vie amère et brisée qu'ils laissent souvent
aux jeunes filles qui ont été trop crédules.

Aussi, jeunes filles nous ne saurions trop
vous mettre en garde contre les amours de
la jeunesse. Votre avenir dépendra bien
souvent de la façon dont vous vous serez
conduites jeunes. Vous voulez goûter les
joies de l'amour par le mariage ; c'est naturel, légitime, nécessaire et noble. Mais si
vous pensez devoir croire aux paroles de la
jeunesse, suivez en tous cas ce conseil ami :
restez « sages ».

Si alors votre amoureux vous abandonne,
vous n'aurez pas à tant pleurer votre mala-
dresse. vous n'aurez pas à redouter la
critique, vous pourrez encore vous présenter
le front haut, et, vous sentant sans tâche,
vous aurez encore l'assurance pudique qui
vous fera trouver un bon mari tel que vous
le désirez. Quant à celui-ci, reconnaissant

votre honnêteté, il vous appréciera beaucoup, vous aimera profondément, ce qui fera
que votre union sera heureuse.

Si votre jeune amoureux vous reste fidèle
quoique vous résistiez à ses tentations vers
la passion, il ne vous aimera que davantage
plus tard, car lorsqu'il connaîtra la réalité de
la vie et les défaillances du cœur humain, il
aura confiance en vous qui savez rester
honnête.

Lors même que, jeune, il ne vous aimât
pas exactement pour lier son existence à la
vôtre, il sera ensuite sérieusement tenté de
faire de vous sa femme. Tandis que si vous
avez cédé à sa passion, même après une
longue résistance, toute sa confiance s'envo-
lera, et comme il apprendra, s'il ne le sait
déjà, que dans le mariage il doit y avoir une
grande confiance, il ne tardera pas à reculer.

De plus la jeune fille plait d'autant plus
au jeune homme que celui-ci peut placer en
elle des illusions charmant ses sensations ;
et si le jeune homme arrive à « connaître »
la jeune fille, des illusions il passe à la
réalité, toujours moins agréable, et il y a
beaucoup de chances pour qu'il s'en aille
chercher ailleurs un « fruit inconnu » et que
par suite il croit plus « savoureux ».

D'ailleurs la jeune fille qui se respecte et
qui est quelque peu réfléchie, voit aisément
que des promesses de mariage, faites trois,

quatre, cinq ans avant qu'elles puissent se
réaliser sont, comme une fumée, sujettes à
s'envoler.

Autrefois on mariait souvent les enfants
au berceau. Deux familles amies, pour
accroître encore leurs bonnes relations, se
promettaient de marier plus tard le garçon-
net de l'une à la fillette de l'autre ; et le
mariage aboutissait. Mais le progrès (?) a
changé cet état de choses, dans beaucoup
de pays au moins. Aujourd'hui la vie est trop
capricieuse, trop harcelée, trop remuante :
on naît dans un coin du monde, par nécessité ou par orgueil on s'en va exercer une
situation cent lieues plus loin, passer une
partie de ses vieux jours dans une autre
région et mourir quelquefois plus loin encore
et, bon gré mal gré, on délaisse les amis
d'enfance. Ces anciennes coûtumes concernant la façon de se marier, faites de confiance, n'existent plus que dans les régions
reculées où la civilisation et le progrès n'ont
pas tout à fait pénétré.

Donc que la jeune fille compte peu sur la
promesse de mariage faite par le jeune
homme avant d'entrer à l'armée. Le service
militaire en effet est une école où le jeune
homme se transforme.

Quand il y entre il est encore sous l'empire d'une imagination vagabonde. Il est

resté jusque là sous la protection paternelle
et ne s'est guère soucié des difficultés qu'il
y a à vaincre dans la vie. Quand il en sort, et
surtout quelque temps après qu'il en est
sorti, il connaît mieux la vie. Il croyait que,
libéré, il serait un être important, qu'il pourrait lui seul « remuer le monde... » ; mais
des désillusions le frappent. Il commence à
remarquer que la vie est semée de difficultés
et il devient plus réfléchi. Il a une situation
et il veut se créer un foyer. Ce foyer il le
veut désormais solide. De là survient un
grand changement d'idées dans la façon
dont il doit choisir une femme. Il s'aperçoit
que pour la vie heureuse du ménage l'amour
ne suffit pas, qu'il faut, avec beaucoup
d'amour un peu de raison, et que... la jeune
fille qu'il aimait ne saurait être sa femme.

Jeunes filles, si votre cœur est sincère-
ment épris du jeune homme qui va « payer
l'impôt du sang » et si vous avez su rester
honnêtes jusque-là, sachez désormais conci-
lier votre conduite avec ce que désirera le
jeune homme une fois libéré. Restez sans
reproche et fidèles ; montrez à votre Aimé
que vous saurez rester toute votre vie à lui
seul ; encouragez votre « soldat » lorsque
l'occasion s'en présente ; sachez qu'une
bonne parole, un geste d'affection, un doux
regard, emplissent de joie et d'espoir le cœur

du soldat et grandissent l'affection qu'il a
pour vous.

Cependant, nous ne saurions trop le
répéter, ne comptez pas trop sur la promesse
de mariage faite par le jeune homme avant
son service militaire, vous seriez la plupart
du temps déçues. Et si, à son retour du
service vos bonnes relations durent encore,
ne renvoyez pas à un long délai l'acte qui
doit vous unir, car si à ce moment le jeune
homme hésite, c'est qu'il est sur le point de
changer d'avis. Alors il est préférable que
vous rompiez de suite.

En effet, le jeune homme de vingt-cinq à
trente ans, voyant la vie sous un autre jour,
avec son côté réel cette fois, tend à changer
ses « désirs ». Il conçoit maintenant le
« type » réel de la femme qui doit assurer le
bonheur de son ménage et il concilie ses
désirs particuliers avec les obstacles qu'il
entrevoit dans la vie.

Il veut se marier pour n'être plus seul à
faire son chemin dans la vie, pour partager
ses joies et quelquefois ses peines, pour
aimer et être aimé, pour avoir une progéni-
ture qui perpétuera sa race, son nom, son
honneur, pour avoir un foyer à lui: foyer
dont il sera fier et où il oubliera ses fatigues,
ses soucis, où il se trouvera éloigné et à
l'abri de l'égoïsme, de la méchanceté et de
l'hypocrisie humaines.

Aussi ne cherche-t-il plus son " type " au hasard. Il veut une femme grande, bien bâtie, ayant une bonne santé, capable d'avoir des enfants. Il passe assez facilement sur ce qu'on appelle communément la beauté physique, car il reconnaît que la beauté s'en va assez vite après le mariage, que les plus jolies jeunes filles ont souvent été gâtées, qu'elles sont généralement capricieuses, espiègles, qu'elles n'aiment que ce qui est parade ; et que dans la vie pratique il y a bien d'autres choses autrement importantes.

Il veut que l'harmonie règne dans son foyer. Pour cela, il tient à ce que sa femme soit retenue et un peu réservée, car celle qui aime le bruit, les jargons et les cancans de la rue, néglige l'intérieur de la maison et finit toujours par faire discréditer le ménage, et à ce qu'elle ne renverse pas la table si, un ami l'ayant par hasard retenu deux minutes de plus, il arrive alors que la soupe est déjà servie.

C'est pourquoi la jeune fille sérieuse, affectueuse, avenante et accommodante est presque toujours la préférée.

Nous vous avons conseillé, jeunes filles, de rester toujours "sages" afin que vous puissiez prouver à celui qui sera votre mari qu'il peut avoir "confiance" en vous ; mais du sens du mot "sage", aux actes de

convenance, de délicatesse et de bonté que
vous devez avoir, il y a loin.

Lorsque vous avez affaire à un jeune
homme susceptible de se marier bientôt,
que vous connaissez encore peu, mais qui
semble vous " plaire " et auquel vous
pouvez convenir, pourquoi voudriez-vous
paraître scandalisée s'il vous adresse la
parole ? Pourquoi sous prétexte d'une
pudeur excessive feindriez-vous de fuir sa
présence ? Pourquoi voudriez-vous paraître
offensée s'il vous offre, ou vous demande,
une fleur ? Pourquoi si vous êtes en compagnie, pour montrer un esprit que vous
n'avez pas, ou par orgueil mal placé, brus-
queriez-vous ce jeune homme dans vos
paroles ? Pourquoi le dénigreriez-vous pour
couper court aux questions indiscrètes et
aux paroles méchantes et hypocrites de
certaines de vos " amies " ? Pourquoi, pour
feindre une pudeur exagérée et un esprit
autoritaire, useriez-vous, après un mot
plaisant, d'une gifle, même petite ? Pourquoi, sous prétexte d'aiguillonner l'amour
d'un jeune homme auquel vous " plaisez "
papillonneriez-vous autour d'autres jeunes
gens ?...

Croyez-nous, respectez l'amour-propre
du jeune homme, surtout au début de vos
relations, d'autant plus que si à ce moment
il vous aime avec l'intention de lier son

existence à la vôtre il se montrera toujours poli. Montrez-vous naturelles, ave-
nantes, affectueuses et polies, sinon vous
vous feriez croire moins honnêtes que
vous n'êtes, et vous paraîtriez avoir mauvais
caractère ce qui aurait pour vous un effet
préjudiciable.

Puis, sous prétexte de plaire davantage,
ne tombez pas dans une coquetterie effrénée. Une jeune fille doit être coquette, c'est-
à-dire que sur sa personne il doit y avoir du
goût, de l'ordre : ce bon goût, ce désir de
plaire sont aimés par les jeunes gens, et
plaisent encore au mari, car celui-ci veut
être fier de sa femme. Mais pas d'abus :
sachez distinguer la bonne et la mauvaise
coquetterie. Une coquetterie effrénée,
l'amour exagéré des parures, ne plaisent
qu'aux jeunes gens fats et irréfléchis (moins
nombreux à vingt-cinq ans qu'à vingt) qui
ne savent comprendre que cette sotte
vanité mettra un jour le ménage dans la
gêne et y sera une cause de troubles et de
désunion.

De plus la mauvaise coquetterie est généralement l'indice d'un esprit faible, sans
volonté, et d'une grande aversion pour le
travail. La jeune fille trop coquette n'aime
pas faire la cuisine : ça noircit les mains !
Elle n'aime pas laver, nettoyer, tenir en
en ordre l'intérieur de la maison · ça salit

et en remuant, ses cheveux ondulés perdent leurs plis gracieux qui ont coûté tant de soins ! Elle n'aime aucun travail ; le travail, c'est bon pour celles qui ne sont pas jolies ! et elle, se croit toujours jolie.

Serait-elle, riche et pourrait-elle tenir de nombreuses bonnes à sa disposition, une jeune fille [ne doit pas être ainsi. Elle plait au jeune homme qui n'a pas vingt ans, mais ne « convient » pas à celui qui veut prendre femme et qui connaît déjà un peu la vie pratique. Celui-ci veut une femme qui ait de la volonté, que le travail ne rebute pas, et qui puisse au besoin mettre la main à tout. De plus, dans un ménage pauvre, une bonne ménagère qui tient la maison propre, avec ordre et bon goût, assure l'aisance, la gaîté et le bonheur du foyer.

Dès vingt-quatre ans le jeune homme a généralement une situation, ou est sur le point de l'avoir, il est sérieux, son avenir paraît assuré ; mais c'est aussi le moment où se marier est, pour lui, non plus un luxe mais une nécessité ; et en effet presque toujours il se déside à se marier. La jeune fille ne l'ignore pas. Aussi, à cet âge le jeune homme a l'avantage de voir venir à lui beaucoup de jeunes filles plus ou moins désillusionnées et effrayées de sentir «Sainte Catherine » s'approcher.

Ici, sans vouloir donner aucun conseil à la jeune fille, nous nous bornerons à dire que bien souvent, si au point de vue physique et moral elle est comme nous l'avons dit et si ses rivales sont d'une condition inférieure (car le jeune homme sait maintenant que l'argent est un poids utile dans la balance de la vie pour faire pencher le plateau du bonheur), il y a beaucoup de chances pour que son rêve se réalise. Le jeune homme comprenant aussi que l' « idéal » qu'il désirait n'existe pas, qu'il ne peut trouver en la même personne toutes les qualités voulues, se décide en faveur de « celle » qui réunit les qualités qu'il prise le plus : c'est celle-là qu'il aime le plus.

Il désirerait aussi une femme jeune, et c'est assez naturel si l'on considère que la femme est plus vite usée que l'homme. Mais il a vingt quatre ans, vingt-six ans,... et son teint, son caractère, ses manières plaisent moins à la jeune fille qui n'a que vingt printemps que ceux du jeune homme n'ayant pas encore fait son service militaire ; celui-ci d'ailleurs rayonne encore d'espoir et sait montrer la vie sous un aspect brillant, éclatant, où il n'y aura qu'à se baisser pour cueillir le bonheur. Illusions ! La jeune fille ferait souvent bien de porter ses préférences sur un jeune homme de vingt-cinq ans qui l'aime, plutôt que de les porter sur un qui n'a pas vingt-ans et qui, s'il l'aime, ne pense encore guère à se marier ; de celui-là elle n'a guère à craindre, elle peut en être presque sûre, tandis que de l'autre elle a beaucoup à craindre puisqu'il lui est bien incertain.

Si à trente ans tous les garçons ne se sont pas mariés ce n'est pas que l'occasion ne se soit pas présentée à eux, c'est plutôt parce qu'à une époque ils ont eu l'embarras du choix et qu'à ce moment ils n'ont pas su prendre un parti, ou encore ils ont profité de ce que de nombreuses mains se tendaient vers eux pour devenir exigeants, ambitieux et demander... trop, supposant qu'ils pourraient toujours, en cas d'échec, avoir ce qu'ils demandaient d'abord. Ils ont été déçus, et les voilà souvent encore célibataires quand arrivent trente-cinq ans.

A cet âge généralement le célibataire désire ardemment se marier. Quelquefois il reste exigeant, mais plus souvent il est tout à fait accommodant car il s'aperçoit que les « bonnes occasions » sont parties et que les « occasions convenables » deviennent pour lui de plus en plus rares ; de plus il ne veut pas prolonger son célibat parce qu'il veut voir, grands et établis, les enfants qu'il aura : nous lui donnons raison. Quoiqu'il en soit, nous ne saurions trop lui conseiller de se marier sans plus attendre.

Et vous, jeunes filles, si ce jeune homme
vient vous demander la main, que ce ne soit
pas son âge qui vous fasse hésiter ; ne consi-
dérez pas trop non plus si la dot que vous
feront vos parents vaudra plus que ce que
possède ce jeune homme. S'il est intelligent,
bon, travailleur, s'il a une position assurée,
ne possède-t-il pas pour cela une seconde
fortune ? Vous avez vingt, vingt-deux, vingt-
quatre ans, vous vous marierez difficilement
et vous ne le pourrez peut-être plus si vous
restez aussi ambitieuses. Pensez qu'une
jeune fille qui a plus de vingt-cinq ans est
obligée de diminuer ses prétentions si elle
veut pouvoir se marier. Pensez que si un
garçon de trente ans vous exprime son
amour, il est généralement sincère, et que
vos bonnes relations amèneront presque
toujours le mariage : cela ne dépendra presque que de vous. En effet ce jeune homme
ne peut invoquer aucune excuse sérieuse
pour retarder le mariage, et d'ordinaire il
tient à le réaliser au plus vite ; cependant si,
sans excuses réellement valables, il veut
renvoyer à plus tard l'acte qui doit vous unir,
insistez pour que ce retard n'ait pas lieu, et
si vous ne pouvez obtenir satisfaction il
serait peut-être bon que vous cherchiez
ailleurs un amour plus solide.

Avant de terminer ce chapitre nous vous
recommandons à tous, jeunes gens et jeunes

filles, de ne pas être trop prétentieux, de songer que si dans le mariage il doit y avoir de la raison il ne faut pas que cette « raison » cherche à analyser tous les plis et replis de la personne que vous convoitez. Sachez que vous ne pouvez ni ne pourrez trouver un conjoint parfait. Deux personnes peuvent vous plaire, dans l'une vous aimerez par exemple ses qualités physiques et morales, dans l'autre ses qualités morales et intellectuelles, et sa situation. Vous aimeriez que cette dernière ait les qualités physiques de la première ; alors vous n'hésiteriez pas. Ce serait préférable, en effet. Mais, pensez-vous qu'à attendre, les qualités physiques désirées viendront ? Croyez-vous que vous pourrez trouver ailleurs toutes les qualités que vous désirez ? Ne le pensez pas. Personne n'est parfait ; vous ne l'êtes pas vous non plus. Pourquoi alors vouloir la perfection en votre conjoint ?...

« Ne soyez pas si difficiles, les plus accommodants sont souvent les plus habiles ». Après trente ans, vous vous marierez de plus en plus difficilement parce que vous aurez déjà un certain âge, parce que vous deviendrez malgré vous trop méticuleux et aussi parce que vous commencerez à désespérer de ne pouvoir être aussi heureux que vos camarades mariés qui ont déjà la joie de se voir entourés d'enfants chéris lesquels seront grands et établis plus tôt que ceux que vous pourrez avoir ; le temps que vous aurez perdu en tâtonnements, en hésitations, vous ne le retrouverez plus.

Et puis, pourquoi être si ambitieux, si difficiles ? Songez que la vie est courte. Vous avez déjà vingt-cinq, vingt-huit, trente ans, vous avez vécu à peu près la moitié de votre vie : c'est-à-dire... un moment ; est-il besoin de tant réfléchir, de tant combiner, d'être si riches pour vivre le « moment » qui vous reste ?

Si vous êtes jeunes, pensez que rien n'est délicieux comme les tendres enlacements de deux jeunes êtres qui éprouvent un plaisir intense à vivre ; la joie de se sentir jeune à côté d'un cœur jeune et qu'on adore c'est du bonheur ; chose que vous ne retrouverez plus dans quelques années lorsque l'expérience de la vie et les déceptions auront changé votre caractère et que votre énergie physique ira s'affaiblissant. Et si vous n'êtes plus jeunes, n'attendez pas d'être vieux : mieux vaut tard que jamais ; vous avez déjà perdu un temps précieux, n'en perdez pas un autre encore. Mariez-vous alors pour le plaisir d'avoir avec vous un être qui partagera vos joies et vos peines, et dont la seule présence fera que vous trouverez du plaisir à vivre pendant le restant de vos jours.

Cela dit, (on ne peut tout dire en quelques pages) nous vous prions de suivre nos conseils et formons pour vous nos meilleurs vœux de bonheur.

VII

Désirs de la jeune fille
et Conseils au jeune homme

Ici nous donnons peut-être moins de détails que dans le chapitre précédent parce qu'il serait oiseux de répéter certaines observations déjà exposées. D'ailleurs les désirs de la jeune fille ne sont pas nettement tranchés et changés, comme le sont ceux du jeune homme, par son service militaire ; ses désirs ne varient que lentement, progressivement avec l'âge, et encore sont-ils peu différents.

Sauf quelques exceptions la jeune fille est d'une nature sensible facilement impressionnable, qui ressent toute émotion avec une vive intensité. Un cœur ouvert à tous les sentiments tendres un tempérament un peu nerveux et, partant, légèrement capricieux, voilà la jeune fille. Ajoutez à cela la grâce du sexe faible, grâce de la jeunesse, de l'harmonie des lignes et des formes, grâce du sourire et du regard, grâce des mouvements et vous avez la jeune fille idéale. Elle a toute la force persuasive, un charme auquel on ne peut résister et qui annule la volonté de l'homme le plus fort ; il ne lui manque que la force brutale et quelquefois un peu de réflexion.

La jeune fille a conscience de sa faiblesse physique et elle sent le besoin de s'appuyer sur un être plus fort. Déjà vers l'âge de seize ans, même avant quelquefois, la jeune fille rêve de la vie à deux et se fait une image plus ou moins nette de celui avec qui elle souhaite passer sa vie : ce n'est pas un chétif qu'elle voit à ses côtés mais un être d'une mâle constitution, grand et fort, au regard altier. Elle ne recherche pas la grâce pour son fiancé, c'est sa dot à elle, mais la virilité qui est le propre de l'homme. Elle veut pouvoir se reposer sur lui, elle veut se sentir en sûreté dans ses bras protecteurs et, comme elle veut pouvoir lui donner toute sa confiance, il faut qu'il la mérite par sa force de caractère et par une certaine hardiesse. Un homme malingre et timide ne sera jamais l'idéal de la jeune fille. Celui qui obéit nonchalamment à tous ses caprices, celui qui, sans résistance, accepte les attaques de la vie et des hommes, se laisse dominer par eux ou s'abaisse à les servir pour assurer sa tranquilité ; celui qui décline ses droits, n'est pas pour lui plaire ; mais

celui qui fait tout plier sous sa volonté forte,
qui veut enfin et qui sait obtenir : voilà ce
qu'elle désire. La jeune fille, toujours un peu
timide et réservée, a besoin d'un fiancé qui
s'impose, qui s'affirme, et c'est tout naturel.
Donc un homme dont la force d'âme est unie
à la force du corps est l'idéal qu'elle souhaite.

La jeune fille qui, hélas ! a ses faiblesses
— lesquelles, nous sommes heureux de le
dire, n'enlèvent rien à ses charmes — désire
surtout pouvoir être fière de son fiancé. Elle
veut pouvoir dire à ses amies avec une fière
assurance : « Voilà celui que j'aime ». Ce qui
signifie : « Regardez s'il n'est pas l'idéal, si
l'on peut trouver mieux à tous les points de
vue ». Elle serait même contente si quelqu'un
la jalousait d'avoir un tel mari ; son amour-
propre et peut être un peu son orgueil en
seraient satisfaits. Voilà pourquoi elle veut
qu'il ait des qualités brillantes, de celles qui
apparaissent, qui s'affirment et qui puissent
être connues de tous : beauté du corps, force,
santé, brillante situation sociale, fortune,
éloquence. La jeune fille qui recherche un
fiancé, (surtout si elle est jeune) ne songe
guère aux obstacles qui pourront entraver
la réalisation du mariage et le bonheur ; elle
ne pense qu'aux qualités qui pourront la
placer au-dessus de ses amies ; et ce sont
surtout les jeunes gens qui brillent dans le
monde qui lui plaisent ; la nouvelle de ses

fiançailles sera ainsi répandue et tout le monde enviera, jalousera son bonheur ; elle sera fêtée, adulée, et c'est d'un petit ton protecteur et satisfait qu'elle accueillera les félicitations de ses amies. En son imagination fertile, elle se voit déjà la reine d'un petit cercle dont elle est le centre, ayant à ses côtés le fiancé qui, par son éloquence, son amabilité, a de nombreux admirateurs et surtout des admiratrices.

Enfin la jeune fille désire son fiancé riche, et toutes, même les plus pauvres espèrent trouver un mari ayant de la fortune, qui pourra satisfaire leurs moindres désirs, leur donner tout le confort et tout le bien-être possible. Beaucoup encore lui demandent un cœur tendre et passionné pour répondre à leurs élans de tendresse...

Jeunes gens qui n'avez pas vingt ans, qui êtes encore sous l'empire d'une imagination fougueuse et des illusions attrayantes, vous pouvez vous faire aimer sans difficulté par la jeune fille de dix-sept à vingt-ans.

Vous êtes en général lestes, adroits, sauf quelques timides et vous montrez volontiers votre hardiesse. Confiants en votre énergie et en votre savoir (?) rien ne vous paraît impossible ; vous espérez être considérés plus tard, vous êtes persuadés que votre énergie et votre initiative vous amèneront facilement à la fortune et vous ne négligez pas de le dire à la jeune fille que vous désirez. — Vous n'admettez pas qu'on discute vos paroles, vous ne sauriez tolérer qu'on vous prouve le contraire de ce que vous avancez. Vous montrez votre autorité en caprices, c'est vrai, mais vous tenez à vous affirmer : ce qui plaît à la jeune fille. Vos paroles ne sont pas pesées, mais votre verbe est facile. Votre esprit n'est préoccupé par aucun souci ; seul le plaisir du moment vous occupe ; aussi vous souriez volontiers et franchement, et vous êtes enjoués en compagnie.— Remplis d'illusions, vos yeux brillent d'espoir et de satisfaction. votre regard est altier, vous aimez sur vous l'élégance du costume, vous portez fièrement la fleur à la boutonnière, vous tenez votre chapeau relevé en avant et légèrement penché sur l'oreille : signe d'autorité, de gaité, d'indépendance et de liberté...

Il n'en faut pas davantage pour plaire à la jeune fille de dix-sept à vingt ans qui se laisse facilement éblouir par cet extérieur, car, à cause de son tempérament un peu nerveux et de son inexpérience, elle se contente d'aimer, sans examen, ce qui plaît à son esprit et à ses sens.

A vous, jeunes gens timides, nous vous conseillons de vaincre votre timidité, vous y parviendrez par la volonté, en vous bien persuadant que, somme toute, vous valez

autant et souvent plus que vos camarades.
Si vous êtes timides par un excès de réflexion qui vous fait trop analyser les actes et
les paroles, lorsque vous êtes sur le point
d'agir et de parler, et qui vous empêche de
vous résoudre aux manières et aux paroles
irréfléchies, galantes, (quelquefois trompeuses et hypocrites, mais nécessaires pour
plaire), nous vous dirons de ne pas trop
penser au côté immoral de la galanterie
puisque c'est une mode et une nécessité, et
d'en user, à la condition de ne pas vous en
servir dans un but condamnable. On salue
beaucoup de personnes ; certaines de ces
personnes ne le méritent pas toujours,
cependant, en bon philosophe, on les salue
parce que la politesse veut qu'on salue,
parce qu'un salut coûte peu, et parce que le
salut, quoique vieux dans l'usage, n'en est
pas moins une mode. Donc, timides, quoique
les paroles et les manières nécessaires pour
plaire vous paraissent quelque peu ridicules
et sottes, vous devez néanmoins vous plier
à ce genre de paroles et de manières. Vous
le pourrez en vous mettant résolument
« dans la tête » que vous plairez, comme vos
camarades, à la jeune fille de dix-huit ans
qui, elle, réfléchit peu, et que, si vous allez
paraître ridicules aux yeux des gens sensés,
« vous vous en moquez ».

Quant à vous, jeunes gens de vingt-cinq
ans, sachez aussi que pour vous faire aimer
de cette jeune fille il vous faut avant tout
montrer les allures et les apparences telles
qu'elle les désire et que nous avons
exposées.

Jusqu'ici nous avons parlé au sujet de la
jeune fille n'ayant pas vingt ans, ne songeant
qu'à l'heureux temps des fiançailles, ne
pensant qu'aux douces heures passées avec
le fiancé pendant lesquelles on a seulement
le temps de s'aimer. Mais, mariés, la vie
change, les tendresses ne préoccupent pas
seules l'esprit des époux, les réalités maté-
rielles apparaissent bientôt et il ne faut pas
songer seulement à éblouir les voisins de
son luxe : il faut pouvoir vivre honorable-
ment. C'est pourquoi la jeune fille qui a plus
de vingt ans, qui connaît un peu les difficultés de la vie et qui pense sérieusement au
mariage, modifie un peu ses idées.

C'est toujours un homme fort d'une puis-
sante santé qu'elle veut, mais elle désire
surtout un caractère bien trempé, capable
sinon de surmonter les difficultés de la vie,
du moins de leur résister, Elle ne veut pas
d'une femmelette se décourageant à chaque
épreuve nouvelle ; donc, s'il n'a pas la beauté
du corps il faut, au moins, qu'il ait une âme
forte. La femme qui est faite pour aimer,
pour cajoler, veut être commandée par

l'homme ; elle se fait volontiers son esclave
en quelque sorte et, si elle reconnaît en lui
une certaine supériorité, c'est avec joie
qu'elle devient l'instrument de ses pensées.
Il faut, par conséquent, qu'elle ait un mari
fort, avec une volonté bien à lui. Il faut
excepter cependant celles chez qui l'esprit
de domination est très développé et qui
veulent tout faire plier sous leur volonté ;
ce sont celles qui « veulent porter la culotte ».
Il leur faut alors un mari qui s'accommode
aisément de tout et qui obéisse facilement
aux moindres caprices de sa femme.

A la fougue, à la hardiesse que la jeune
fille demande à son soi-disant fiancé, elle
substitue plus tard, après vingt ans, pour
celui qu'elle veut comme époux, une sage
prudence. Elle le veut prudent pour être
assurée qu'il ne se jettera pas dans quelque
folle affaire, qu'il ne parlera pas à tort et à
travers et ne deviendra pas la risée des
personnes sérieuses et raisonnables. Elle
préfère, aux qualités d'apparat, un peu plus
de sagesse. Au jeune homme gai et enjoué
en compagnie, elle préfère quelquefois alors
celui qui, seulement poli au dehors, est chez
lui d'une humeur toujours égale et ne se
montre pas mécontent de tout — car il arrive
presque toujours que ceux qui sont les plus
agréables avec les amis, les indifférents,

sont insupportables chez eux par leur mauvaise humeur.

Sauf pour les avares, pour quelques coquettes et pour quelques paresseuses, la fortune n'occupe qu'un rang secondaire dans les préoccupations d'une jeune fille qui cherche vraiment à se marier — surtout si elle est âgée de vingt-cinq à trente et plus, car alors elle veut avant tout un mari — ; certes, elle ne repousse pas la fortune si elle se présente à elle, mais elle veut surtout, pour assurer son bonheur, un' mari qui l'aime d'une affection solide, et comme fortune elle lui demande d'aimer le travail : car elle sait que celui qui est actif assure, sinon la richesse, du moins l'aisance de la famille.

Suivant son caractère, la jeune fille demande aussi à son mari certaines qualités spéciales pouvant répondre à ses goûts particuliers : celle qui a des goûts simples, qui est économe, ne peut s'accomoder d'un dépensie ; à la jeune fille douce il faut un mari tendre, à l'orgueilleuse, à la vaniteuse un fat... Et en général un homme sérieux et actif peut se faire aimer par une jeune fille réfléchie ayant les mêmes qualités.

Mais il est certain que les superficielles, celles qui ne réfléchissent pas, les simples ou encore celles chez qui la vanité domine — et elles sont nombreuses — ne pensent guère au vrai bonheur du ménage, mais elles veulent un mari qui brille et peu leur importe si l'éclat n'est que superficiel.

Même si la jeune fille est réfléchie et apprécie beaucoup les vraies qualités qui assurent le bonheur d'un ménage, elle se laisse facilement attirer et tromper par un extérieur brillant qu'on pourrait appeler ici les « qualités » superficielles. Comme nous l'avons dit, si ses sens sont satisfaits, elle se déclare vite satisfaite en entier ; sans réfléchir elle se borne aux apparences.

C'est pourquoi nous voyons assez souvent un fat parvenir à se marier avec une jeune fille d'une condition bien supérieure à la sienne, que ses manières élégantes, sa galanterie habile, ses paroles trompeuses, son faste d'un instant ont éblouie. Il a trompé, mais il a réussi comme c'était son but. Il n'a même pas eu beaucoup de difficultés, car celle qu'il a induite en erreur, heureuse de se voir aimée par un jeune homme élégant ! riche ! ou titré ! joyeuse de se croire jalousée par ses amies, semblant déjà entendre la nouvelle de son mariage se répandant à grand bruit et faisant sensation puisque le jeune homme quoique peu connu s'est fait remarquer par son « chic », a pensé qu'un Monsieur si « bien », qui se permet un tel luxe et de telles largesses, ne peut qu'être riche ou occuper une haute situation.

Lui, en effet, n'a pas craint de s'annoncer
sous le nom de Monsieur de... ou comme
étant titré et occupant une bonne situation...
Et la jeune fille pensant qu'il n'était pas
permis de douter des paroles de ce Monsieur
a accédé jusqu'à ses moindres désirs, crai-
gnant toujours de le mécontenter et de le
voir partir sans retour... Les parents eux-
mêmes ont eu peut-être mille égards...

Quoique cette façon de faire un « bon
mariage » cache chez le jeune homme des
sentiments hypocrites et bien bas, elle est
chaque jour mise plus ou moins en pratique ;
et chaque jeune fille se promet d'éviter ce
piège jusqu'au jour où... elle donne aussi
plus ou moins dans le panneau.

Mais, jeunes gens, même si vous vous
sentez assez d'audace pour risquer de jouer
le même rôle (en vérité peu louable !) de ces
fats sans scrupule qui, se parant un jour des
plumes du paon, se montrent sous des apparences trompeuses, mais avantageuses,
nous vous conseillons d'avoir plus d'amour-
propre et de mieux placer votre honneur.
D'abord l'acte lui-même est tout à fait blâ-
mable ; ensuite, la vérité apparaissant forcément bientôt, et en supposant même que vous
parveniez au but cherché, votre ménage,
après cette tromperie, ne pourrait pas vivre
longtemps dans la paix.

Cependant, sans vouloir donner de vous
une fausse et avantageuse opinion, il est certaines manières galantes que, pour vous faire
aimer, vous devez posséder ou chercher à
acquérir. Quel que soit le caractère particulier et l'âge de la jeune fille à qui vous désirez plaire, sachez qu'elle veut être fière de
vous ; comme nous l'avons dit, elle veut
pouvoir dire à ses amies avec un certain
orgueil : « Voilà celui que j'aime » ; et les
qualités qu'elle vous demande sont d'abord
des qualités physiques et... superficielles.

La jeune fille se laissant facilement
impressionner par ce qui frappe ses sens,
il est bon que vous ayez une tenue correcte,
élégante même. Des habits démodés, trop
ordinaires, feraient de vous une personne
qu'il n'y aurait aucun avantage à aimer. Si
au contraire vous suivez la mode, si votre
mise dénote une personne qui tient, sinon
à se mettre tout à fait en relief, du moins à
se tenir au dessus du commun, vous pro-
duirez chez la jeune fille excellente impres-
sion.

Il faut aussi compter, que, non seulement une tenue élégante donne des allures
et des manières plus agréables, mais qu'elle
prédispose à des manières plus rafinées, à
la gaîté du caractère et par suite à un verbe
plus gai, plus facile, qui permet de s'affirmer
d'avantage.

En société, soyez gais, agréables ; si une parole vous choque, prenez-la pour une plaisenterie et plaisantez à votre tour, ne vous fâchez jamais ; plutôt que de parler à tort et à travers et de vous exposer à dire des bêtises, parlez peu, mais feignez au moins d'être intéressé ; montrez-vous d'autant plus sensés que la jeune fille que vous aimez, et qui vous écoute aussi, est plus âgée et plus sérieuse ; cependant, ne restez pas trop longtemps sérieux dans votre raisonnement ; après un mot sérieux, qui fait voir que vous êtes hommes et que votre raison est écoutée riez et badinez encore car la jeune fille aime un esprit enjoué qui sait aussi s'affirmer quand il s'agit de choses sérieuses.

De plus, comme on vous reconnaîtra charmant en compagnie, la jeune fille à qui vous plaisez un peu sera rendue jalouse et s'attachera davantage à vous, de crainte qu'une autre jeune fille ne vienne vous exprimer son désir de vous aimer.

Puis, faites en sorte de ne pas laisser passive la jeune fille à qui vous voulez plaire : adressez-lui la parole, montrez-lui que vous tenez à son opinion et approuvez toujours ses réponses (qui peuvent toujours avoir un côté juste), louez-la de tout acte de volonté qu'elle accomplit, montrez-vous passionné pour les qualités qu'elle a, approu-

vez son caractère, cajolez-la, ne craignez
pas surtout de vanter en sa présence sa
personne et sa famille, en appuyant vos
paroles d'un court raisonnement qui lui fait
penser que vous dites vrai ; ayez pour elle de
petites attentions, et n'en doutez pas, même
si elle n'y a pas encore songé, elle pensera
qu'elle « doit » vous aimer.

A ce moment n'oubliez pas que pour
« avoir la fille » il faut faire « le boniment
aux parents »...

Enfin, comme toute femme veut être
aimée profondément, montrez à la jeune fille
enviée que vous-mêmes vous ne voulez que
d'un grand amour, elle pensera alors qu'elle
ne vous a pas assez prouvé son amour et
elle s'attachera davantage à vous.

Sachez aussi qu'il ne convient pas de
prolonger longtemps le délai, après lequel
viendra le mariage, car la jeune fille étant
capricieuse se réveillerait peut-être un beau
matin, avec l'intention de porter ses amours
ailleurs... sur un jeune homme qui lui plai-
rait maintenant plus que vous ; ou bien, fatiguée d'attendre l'heure lointaine qui doit
vous unir, elle se rendrait peut-être volontiers à la proposition d'un autre jeune
homme qui lui aurait fait entrevoir le mariage à un bref délai.

Toute jeune fille veut se marier. Dès l'âge
de quinze ou seize ans, nous l'avons dit, elle

rêve de la vie à deux ; et elle aime un jeune
homme, non pas pour les moments agréables qu'il lui procure, mais pour le plaisir
de penser qu'elle aura en lui un mari qu'elle
pourra aimer librement, qu'elle aura un
ménage dont elle sera fière, qu'elle sera
maman, et qu'elle n'aura pas le triste sort
des vieilles demoiselles condamnées à vivre
seules, sans affection réelle, sans amour
profond.

La jeune fille a même hâte de se marier
parce qu'elle est lassée de contenir son
trop plein de vigueur. Au moment où tout
son être voudrait se dépenser utilement à
voir, à agir, à connaître, elle est condamnée
à garder la chambre ou à rester toujours
auprès de sa maman vigilante. C'est aussi
le moment où elle déborde du désir d'aimer,
et elle est obligée de garder en soi l'amour
qui ne demande qu'à se déverser ! La jeune
fille sait enfin qu'après vingt-cinq ans elle
trouvera difficilement à se marier. C'est
pourquoi elle veut sans retard trouver un
mari.

Jeune homme, qui revenez du service
militaire, n'hésitez pas par appréhension
d'un refus. Si vous n'êtes pas trop difficile
et si vous vous montrez un peu galant, vos
démarches seront toujours couronnées de
succès.

En ami, nous vous conseillons de ne pas attendre d'avoir plus de trente ans. Si des personnes disent qu'on a toujours « le temps de se marier », il en est d'autres qui vous conseilleront le contraire et leur conseil est plus logique.

En effet, le jeune homme célibataire qui pense à s'assurer une vieillesse à l'abri du besoin est rare ; il dépense sottement son argent en gaspillant sa vie ; il laisse passer ces heures de jeunesse pendant lesquelles s'aimer est vraiment du bonheur et quand il se retire du rang des célibataires, blasé en partie, le mariage n'a plus pour lui les mêmes charmes. S'il s'était marié jeune, bien souvent vers quarante-cinq ans il se trouverait à l'abri du besoin, aurait donné une situation à ses enfants et pourrait se reposer et avoir encore du bonheur à vivre en goûtant les plaisirs de cet âge, tandis que les années où il a vécu en célibataire sont pour lui autant d'années perdues, desquelles il ne retirera pas même le moindre souvenir agréable ; et il sera « vieux » lorsqu'il pourrait être heureux, ayant mis sa famille à l'abri du besoin et établi ses enfants.

N'attendez pas encore sous prétexte que d'ici quelques années vous pouvez aspirer à « telle » jeune fille dont la dot sera supérieure à celle de la jeune fille qui vous aime aujourd'hui. Sachez que, pendant le temps

que vous devrez attendre, votre situation se
serait bien améliorée et que, en somme,
vous n'aurez rien gagné ; de plus vous aurez
perdu un temps de bonheur que rien ne
saurait racheter.

Enfin que le souci de l'argent ne soit pas
seul à vous faire accepter ou refuser la main
d'une jeune fille ! Le mariage cache beaucoup de plus nobles sentiments.

Et si vous avez plus de trente ans goûtez
au moins pendant le temps qu'il vous reste
à vivre les joies de la vie de famille. Il se
peut alors que vous trouviez difficilement à
vous faire aimer par une jeune fille de vingt
printemps, mais vous serez aimé sans
difficulté par une jeune fille de vingt-cinq à
trente ans, ou même plus âgée, car à cet
âge la jeune fille est plus ou moins désillusionnée et aime désespérément, mais bien
fort, puisqu'elle a souffert, qui veut bien
s'attacher à elle et l'arracher de sa pénible
situation ; et en vous mariant vous goûterez
encore des joies que vous ne pourriez
trouver ailleurs.

Quant aux moyens d'avoir la paix et de
trouver l'harmonie et le bonheur dans le
ménage nous vous renvoyons au chapitre
IX. Les conseils que nous y indiquons vous
aideront peut-être à trouver la félicité que
vous désirez et que de tout cœur nous vous
souhaitons.

VIII

Formalités

ET

diverses formes
des contrats de mariage

Age des contractants

L'homme, avant dix-huit ans, la femme, avant quinze ans, ne peuvent contracter mariage. Cependant, pour des raisons majeures, des dispenses d'âge peuvent être accordées par le Président de la République.

Absence de parenté ou d'alliance
au degré prohibé

Le mariage est absolument prohibé en ligne directe ; il est également interdit entre neveu et tante, oncle et nièce, beau-frère et belle-sœur ; mais pour ces derniers cas le chef d'Etat peut accorder les dispenses de parenté ou d'alliance.

Ces dispenses sont demandées au procureur de la République de l'arrondissement dans lequel le mariage doit être célébré. Les pièces suivantes sont nécessaires : 1º Une supplique contenant le consentement des parents et signée par le futur et la future ; 2º les actes de naissance du futur et de la future ; 3º pour les dispenses de parenté, l'acte de mariage des parents du neveu et de la nièce et l'acte de mariage des auteurs communs ; 4º pour les dispenses d'alliance, l'acte du mariage qui a donné l'alliance et l'acte de décès du conjoint décédé.

Toutes ces pièces doivent être sur papier timbré, sauf pour les indigents, et légalisées. Les droits de sceau s'élèvent à 300 francs environ, mais une réduction partielle peut-être obtenue. Les indigents peuvent obtenir gratuitement ces dispenses.

Majorité du mariage

Le futur et la future, pour contracter mariage sans le consentement de leurs parents, doivent avoir vingt et un ans accomplis. Si les parents refusent le consentement alors que les futurs ont vingt et un ans, ceux-ci font notifier par un notaire l'union projetée aux parents dont le consentement nécessaire n'est pas obtenu. Trente jours après justification de cette notification le mariage peut-être célébré.

A partir de trente ans, aucune formalité de consentement n'est demandée.

Consentement

Mais si le futur et la future n'ont pas vingt et un ans accomplis ils ne peuvent contracter mariage sans le consentement de leurs père et mère ; en cas de dissentiment entre le père et la mère, le consentement du père seul suffit.

En cas de dissentiment entre des parents divorcés ou séparés de corps, il n'est nécessaire que du consentement de celui qui a la garde de l'enfant et au profit duquel le divorce ou la séparation a été prononcée.

Lorsque le père ou la mère, l'un des deux, est mort, ou s'il est dans l'impossibilité de manifester sa volonté, le consentement de l'autre suffit.

Si le père et la mère sont morts, ou s'ils ne peuvent manifester leur volonté, les aïeuls et aïeules les remplacent ; en cas de dissentiment entre l'aïeul et l'aïeule de la même ligne, le consentement de l'aïeul suffit ; s'il y a dissentiment entre les deux lignes, ce désaccord vaut consentement.

Si tous les ascendants sont morts ou dans l'impossibilité de donner leur consentement, il faut l'autorisation du conseil de famille et du tuteur.

En cas d'absence des pères et mères
auxquels eût dû être faite la notification, le
mariage pourra être célébré en représentant
le jugement qui aurait été rendu pour décla-
rer l'absence.

Sont incapables de donner leur consentement les parents condamnés à certaines
peines infamantes.

Le consentement peut-être manifesté
dans l'acte de mariage lorsque les parents
sont présents au mariage, sinon il doit être
manifesté par-devant notaire, ou par-devant
le maire du domicile de l'ascendant qui
donne son consentement; dans ce dernier
cas les indigents peuvent l'obtenir gratis.

Pièces à produire

Les pièces nécessaires doivent être remi-
ses au secrétaire de mairie pour qu'il puisse,
avant la célébration du mariage, en vérifier
la régularité. Ces pièces sont :

1º L'acte de naissance du futur, qui ne
doit pas avoir été délivré depuis plus de
trois mois ;

2º L'acte de naissance de la future, qui ne
doit pas avoir été délivré depuis plus de
trois mois ;

3º Le consentement des parents s'ils ne
comparaissent pas ;

4º L'acte de décès du père et de la mère,
le cas échéant ;

5° Les actes de décès des ascendants dont le consentement serait nécessaire ;

6° L'expédition des dispenses s'il y a lieu ;

7° En cas de remariage, l'expédition de la transcription du divorce, ou l'acte de décès du conjoint décédé ;

8° Les certificats de publications dans les autres communes ;

9° La notification, s'il y a lieu ;

10° La mainlevée des oppositions, s'il y lieu ;

11° Le certificat du notaire, s'il y a eu contrat de mariage ;

12° Les délibérations du conseil de famille, les certificats de directeur d'asile, les actes de notoriété, etc., le cas échant ;

13° Pour les militaires en activité de service, l'autorisation de l'autorité militaire.

Observations. — Lorsque les actes de l'état civil ont été reçus dans la commune, il suffit de s'y reporter en le mentionnant dans l'acte.

Les pièces écrites en langue étrangère doivent être traduites par l'intermédiaire du procureur de la République.

Toutes les pièces à produire doivent être sur papier timbré sauf pour les indigents à qui elles sont délivrées sur papier libre, visées pour timbre et enregistrées gratuitement, à la condition qu'ils justifient d'un certificat d'indigence délivré par le maire et visé par le juge de paix du canton, attestant qu'ils payent moins de dix francs d'impôt.

Publication

Actuellement une seule publication est utile ; elle a lieu par voie d'affiche apposée à la porte de la mairie. Cette affiche doit rester apposée pendant dix jours, dont deux dimanches, et le mariage peut avoir lieu après le dixième jour, le jour de la publication non compris.

Cette publication est périmée si le mariage n'est pas célébré dans l'année. Une nouvelle publication serait alors nécessaire.

La publication doit être faite à la mairie du lieu où chacune des parties contractantes a son domicile ou sa résidence.

Si le domicile actuel ou la résidence actuelle n'a pas encore une durée de six mois, la publication est faite aussi au lieu du dernier domicile, ou de la dernière résidence, et si cette résidence n'a pas une durée de six mois, la publication est faite également au lieu de la naissance.

Si le futur et la future, ou l'un deux, n'ont pas vingt et un ans la publication doit encore être faite dans la commune du domicile des parents de celui qui est, mineur.

Pour des causes graves, le procureur de la République peut dispenser de toute publication et de tout délai.

Lieu où le Mariage peut être célébré

Le mariage doit être célébré dans la commune où l'un des époux a son domicile ou sa résidence depuis un mois au moins.

Opposition

Le père, la mère, les aïeuls et les aïeules ont seuls droits de formuler opposition au mariage de leurs enfants et descendants, pourvu encore que ceux-ci n'aient pas vingt et un ans.

Remariage

Il est défendu de contracter un second mariage avand la dissolution du premier, soit par le décès de l'un des époux, soit par le divorce. Le crime de bigamie est puni de travaux forcés à temps, et le mariage peut être déclaré nul sur la demar.de de tout intéressé, et par le procureur de la République.

Un époux divorcé pour adultère peut se remarier avec son complice.

La femme veuve ne peut se remarier que dix mois après le décès de son époux décédé. La femme divorcée peut se remarier après la transcription du jugement ayant prononcé la divorce, pourvu qu'il se soit écoulé trois cents jours après le premier jugement qui a ordonné l'enquête.

Ajoutons qu'après trois ans de séparation de corps, à compter du jour du premier
jugement, la séparation peut être convertie,
sur la demande de l'un des époux en jugement de divorce.

Mariage des étrangers

Les étrangers se mariant en France sont
soumis : aux lois françaises, pour ce qui
regarde les publications, les délais, les
témoins, la rédactions de l'acte et la célébration du mariage ; aux lois de leur pays,
pour ce qui concerne l'âge, la parenté, l'autorisation des parents. A ce sujet il peut
être bon de consulter le parquet.

Passons aux effets du mariage.

Droits et devoirs

Les époux se doivent fidélité, secours,
assistance. La femme doit obéissance à son
mari ; elle doit habiter avec lui et le suivre
partout où il juge bon de résider.

Le mari doit protection à sa femme et
pourvoir à tous ses besoins suivant ses
ressources.

La femme mariée prend la nationalité et le
domicile de son mari. Elle ne peut, sans
l'autorisation de son mari, ni donner, ni
aliéner, ni acquérir, ni hypothéquer. Mais
elle peut, sans autorisation, consentir au

mariage d'un enfant qu'elle aurait eu d'un mariage pécédent, reconnaître un enfant naturel, faire son testament, et revoquer une donation qu'elle aurait faite à son mari pendant le mariage.

Lorsque l'autorisation du mari est nécessaire, les actes de la femme qui agit sans autorisation peuvent tomber en nullité sur la demande du mari ou des héritiers. Le délai de prescription est de dix ans à dater du jour de la dissolution du mariage.

Contrats de mariage

Diverses formes du contrat

On peut se marier avec ou sans contrat. Sans contrat on est sous le régime de la communauté légale. Si l'on passe un contrat on peut se trouver, suivant la forme du contrat, soit sous le régime de la communauté conventionnelle, soit sous le régime dotal, soit sous le régime de la séparation de biens.

Le contrat doit être passé devant notaire, et avant le mariage ; il ne peut être retouché après le mariage et il commence à courir le jour du mariage.

Communauté légale, (il n'y a pas de contrat)

Les biens des époux mariés sans contrat sont soumis au régime de la communauté légale.

Les immeubles que possedaient les époux avant le mariage, ceux qui leur échoient pendant le mariage, et les meubles qui leur sont donnés à la condition qu'ils n'entreront pas en communauté sont des biens *propres* dont le revenu seulement appartient à la communauté. Tandis que les immeubles acquis pendant le mariage, les créances, tous les objets mobiliers que les époux possédaient avant le mariage, et ceux qui leur reviennent pendant le mariage à titre de succession, de donation ou de legs, si le donateur ou le testateur n'en a pas exprimé le contraire, appartiennent à la communauté. Toutefois les donations d'immeubles faites à l'un des époux ne tombent point en communauté.

Le mari est maître des biens de la communauté ; sans le concours de sa femme il peut les vendre, les aliéner et les hypothéquer. Mais il ne peut faire des legs que jusqu'à concurrence de sa part (la moitié) des biens de la communauté. et il ne peut disposer entre vifs, à titre gratuit, des biens de la communauté que pour l'établissement des enfants communs. Néanmoins il peut disposer à titre gratuit et particulier, des effets mobiliers au profit de toutes personnes, mais il ne peut s'en réserver l'usufruit.

Comme on le voit, les biens en communauté sont presque à l'entière discrétion du mari.

Quant aux biens propres de la femme, c'est encore le mari qui les administre mais il ne peut les vendre sans le concours de sa femme.

Lorsqu'un bien propre s'est enrichi au dépens de la communauté, une indemnité est dûe à celui au détriment de qui le bien propre s'est enrichi.

Le mari est responsable de tout dépérissement des biens personnels de sa femme.

Quand la communauté est dissoute la femme n'est tenue de payer que la moitié des dettes, et encore elle a le droit de renoncer si elle veut pourvu qu'elle ne se soit pas engagée solidairement avec son mari. La femme renonçante perd tout son mobilier, elle peut seulement emporter son linge et ses hardes ; le mari reste alors seul responsable des dettes faites au moment de la communauté, et même indirectement de de celles que sa femme doit à titre personnel car sa femme peut être poursuivie par ses créanciers mais elle a le droit de réclamer à son mari ou à ses héritiers tout ce qu'elle a dû débourser.

Quand la dissolution de la communauté
a lieu par le décès de l'un des époux, le sur-
vivant ne doit pas oublier de faire procéder à
un inventaire des biens communs ; il jouira
ainsi des revenus de ses enfants mineurs
issus du mariage et n'aura pas à redouter la
critique. L'inventaire est surtout nécessaire pour la femme survivante qui jouit
alors du droit de renoncer à la communauté, ou de ne payer que sa part (la moitié)
des dettes.

Régime de la communauté conventionnelle

Ce régime est celui de la communauté
légale que les futurs modifient comme ils
en conviennent. Généralement la communauté se borne aux acquêts provenant soit
de l'industrie commune, soit des revenus
des biens des époux ; les époux gardent la
propriété de leurs meubles et immeubles
présents et futurs ainsi que leurs dettes per-
sonnelles, mais pour que le mobilier existant
lors du mariage, ou échu depuis, ne soit pas
réputé acquêt, il doit avoir été constaté par
inventaire ou par acte.

Les époux peuvent aussi stipuler dans
leur contract une communauté universelle
de leurs biens, meubles, présents et à
venir, ou seulement de tous leurs biens
présents ou bien de tous leurs biens à venir

Dans la communauté conventionnelle les futurs peuvent donc établir leur convention comme ils l'entendent, pourvu qu'ils ne touchent pas à ce qui doit revenir aux enfants qu'ils auraient eus d'un mariage précédent.

Régime dotal

La dot est le bien que la femme apporte en mariage. La dot peu comprendre tous les bien présents et à venir, ou tous les biens à venir, ou seulement une partie de ces biens. Les parents qui font une dot sont supposés la faire par parts égales.

Toute personne qui constitue une dot est tenue de la garantir.

Le mari a l'administration des biens dotaux pendant le mariage.

Les immeubles dotaux ne peuvent être aliénés ou hypothéqués pendant le mariage; cependant ils peuvent être vendus dans certains cas, avec permission de la justice, par exemple pour tirer de prison le mari ou la femme, pour fournir des aliments à la famille... etc. L'excédent du prix de vente au-dessus des besoins nécessaires reste total.

La dot mobilière peut être aliénée par le mari, car seul il a le droit d'en poursuivre les débiteurs et détenteurs, et de recevoir le remboursement des capitaux. La femme n'a pas ce droit, mais elle peut avec l'autorisation du mari, ou de la justice, donner ses biens dotaux, meubles et immeubles, pour l'établissement des enfants communs.

Régime de la séparation de biens

Dans leur contrat les époux peuvent aussi stipuler qu'ils seront séparés de biens. Dans ce cas le femme administre seule ses biens, meubles et immeubles, et dispose librement des revenus de ses biens propres. Généralement le contrat indique comment chaque époux doit contribuer aux charges du mariage ; si le contrat est muet à ce sujet, la femme contribue alors aux charges du mariage jusqu'à concurrence du tiers de ses revenus.

La femme ne peut aliéner ses immeubles sans le consentement de son mari, ou sans l'autorisation de la justice.

Lorsque la femme voit ses biens en péril, il est prudent pour elle qu'elle demande, par voie de justice, la séparation de biens.

Séparation de la femme au décès du mari

Au décès de son mari la femme dispose librement de ses biens propres dont la jouissance appartenait à la communauté, et de ce qui lui revient par la succession.

Si elle est mariée sous le régime dotal, elle ne peut exiger sa dot en argent qu'après un an mais elle a droit aux intérêts de sa dot pendant l'année de deuil, et pendant le même temps elle a droit aux aliments et au logement aux frais de la succession. Les héritiers lui doivent encore les habits de deuil.

La femme mariée en communauté de biens, au décès de son mari a droit pendant trois mois et quarante jours au logement, à la nourriture ; les héritiers lui doivent aussi les habits de deuil.

Donations

Les futurs peuvent par contrat de mariage se faire réciproquement, ou l'un des deux à l'autre, toute donation qu'ils jugent à propos. Cette donation peut être faite sur les biens présents ou sur les biens à venir. Quand elle concerne les biens présents elle n'est point censée faite sous la condition de survie du donataire, à moins que le contraire en soit exprimé ; si elle concerne les biens à venir elle devient caduque par le prédécès du donataire.

Les donations faites par contrat de mariage ne peuvent être attaquées, ni déclarées nulles, si ce n'est pour raison d'ingratitude.

A l'ouverture de la succession, les donations entre époux pendant le mariage sont réductibles à la part dont la loi permet au donateur de disposer au profit des étrangers.

Les donations faites entre époux pendant le mariage sont toujours revocables au gré du donateur.

NOTE. — Les lois, subissant assez souvent des modifications, il est bon, pour être très exactement renseigné, de consulter un notaire ou un avocat,

IX

Guide du bonheur en ménage

Après tant de grands écrivains, après tant de charmants stylistes qui ont écrit sur l'amour et le mariage des pages délicieuses, il semble oiseux et difficile de pouvoir dire quelque chose de nouveau sur ces questions-là. Nous, nous essayerons d'être pratique.

Tracer un plan pour faire trouver le bonheur en ménage est, en vérité, une tâche bien ardue sinon impossible. Le bonheur est demandé sous des formes si différentes suivant le caractère et les aspirations de chacun ! L'un veut parvenir à la richesse et pouvoir se payer toutes ses fantaisies en compagnie de son conjoint ; un autre veut une femme se pliant servilement sous son joug ; un autre, blasé, cherche dans le mariage le calme et un compagnon fidèle pour le chemin de la vie ; un autre, avide d'éclat veut briller et tous les moyens lui sont bons... Aussi nous ne donnerons des indications que pour le bonheur cherché dans l'affection réciproque, dans le calme et l'harmonie du ménage ; c'est là, d'ailleurs, le bonheur tel qu'on doit le comprendre.

On ne saurait trop redire qu'il ne devrait y avoir aucun mariage sans amour : c'est une vérité de La Palice, mais trop souvent méconnue. Par « amour » nous ne voulons pas désigner la folle passion qui s'empare quelquefois de jeunes êtres et qui vit :

« Ce que durent les roses, l'espace d'un matin » ;

mais l'amour solide et fort pour les bons et surtout pour les mauvais jours de la vie. Cet amour n'est pas le fatal « coup de foudre » venu subitement d'un sourire gracieux, d'un regard amoureux ou d'une séduisante moustache, après lequel vient toujours le désenchantement ; c'est l'amour venu lentement et sûrement, après que l'être aimé a été peu à peu connu ; c'est l'amour né entre deux âmes voulant chacune être heureuse en faisant le bonheur de l'autre et ayant le souci continuel de prévenir réciproquement leurs moindres désirs ; c'est l'amour de deux âmes voulant leur union heureuse et dont tous les actes et toutes les pensées tendent vers ce but.

Les époux qui vivent avec ces sentiments n'ont pas à déguiser leur pensée puisqu'elle est toujours remplie de sollicitude pour le conjoint, et la franchise naïve qu'ils se lisent

réciproquement au fond de leur cœur accroît
leur amour. Leur regard, leurs manières,
leurs paroles dévoilent, à leur insu, leur
désir de se rendre mutuellement heureux,
et chacun d'eux, touché de l'affection qui lui
est témoignée, veut mériter cette affection
et se montrer à son tour plein de tendresse.
Ainsi une grande affection est de première
importance pour le bonheur en ménage.

Cependant quelques-uns se marient sans
que l'amour ne soit pour rien dans leur
mariage : c'est alors un mariage de conve-
nances ou de raison seule, ou plus souvent
encore un mariage d'argent. Après s'être
donnés l'un à l'autre il naît quelquefois chez
les époux une sympathie réciproque qui fait
qu'ils peuvent vivre ensemble sans trop se
heurter, mais le plus souvent l'indifférence
fait place à une douloureuse antipathie qui
se change bientôt en haine. On souffre alors
d'être constamment avec une personne
qu'on n'aime pas, sa vue ne fait qu'accroître
le ressentiment qu'on éprouve et on prend
un malin plaisir à lui faire de la peine. Les
paroles blessantes se succèdent, ce sont
tous les jours des scènes pénibles qui augmentent la haine des deux époux...

Au contraire, si les deux époux s'aiment
d'un amour profond, le ménage a beaucoup
de chances d'être heureux. Alors les époux
sont fidèles l'un à l'autre : condition essen-

tielle du bonheur. Car que prouve l'infidélité ?
Qu'on n'aime pas son mari ou sa femme et
qu'on lui préfère une autre personne, ou
bien qu'on est irréfléchi, léger. Comment
être heureux dans ces conditions ? Voilà le
mari qui s'échappe le plus possible de son
foyer pour aller passer quelques heures avec
une autre femme. Peut-être aime-t-il encore
sa femme mais sa maîtresse lui donne plus
de plaisir puisqu'il la recherche, et pendant
qu'il est avec elle il oublie celle qui l'attend
à la maison ; il revient chez lui mécontent,
il est absent, il revit dans sa pensée les
moments heureux (?) qu'il vient de passer
avec sa maîtresse, il ne pense qu'à retourner
avec elle, et sa maison lui paraît vide,
dénuée de tout agrément, il s'y ennuie. Il
compare sa femme avec sa maîtresse, au
désavantage de celle-là, et peu à peu il la
rend responsable de la vie triste, sans intérêt
et sans joie, qu'il mène chez lui. Il n'est pas
heureux et sa femme est encore plus à plain-
dre que lui ; si elle aime son mari elle souffre
de son éloignement, et si elle vient à connaître son infidélité son cœur va être brisé ; un
sentiment de jalousie pour celle qui lui a pris
son mari va la torturer et, le plus souvent,
la douleur est si forte que l'épouse veut se
venger de l'infidèle : on n'a qu'à ouvrir un
journal pour trouver des exemples de ces
drames conjugaux. Si la femme n'aime pas

ou aime peu son mari le cas est moins grave, car, souffrant moins, l'épouse reste calme et excuse plus facilement celui qui l'a trompée. Cependant elle ne peut rester indifférente à une infidélité : son orgueil est toujours atteint ; une femme souffre de savoir que son mari lui préfère une autre femme, c'est comme une injure faite à ses charmes.

Les hommes se rendent le plus souvent infidèles parce qu'ils aiment le changement ou bien parce qu'ils ont l'occasion facile d'avoir une maîtresse mais, en général, ils reviennent chez eux aimant encore leur femme et le bonheur du ménage est à peine compromis. Mais ce n'est pas de. même si c'est l'épouse qui est l'infidèle. La femme qui trompe son mari a, en général, d'autres raisons pour le faire. Sauf pour celles qui ne recherchent qu'à satisfaire leurs appétits sensuels, celles qui ont un amant c'est qu'elles l' « aiment ». La femme ne compromet pas son honneur d'épouse sans amour profond ; et, si elle aime, elle trouve moyen, malgré les difficultés qui peuvent se présenter à elle, d'être à l'homme qu'elle désire. Le mari le plus intelligent, le plus rusé ne peut s'y opposer car la femme qui aime a plus de force morale que l'homme le plus fort ; toutes ses pensées, tous ses actes n'ont qu'un but : satisfaire son amour et elle y parvient. C'est

elle alors qui hait son mari de toutes ses
forces parce qu'il la ᵗpare de son amant et
elle ne peut lui prodiguer les caresses, les
élans de tendresse qu'elle ne donne qu'à
celui qu'elle aime ; son ménage l'occupe peu,
elle ne pense qu'aux moyens à employer
pour se ménager une entrevue avec son
amant et aux moyens d'éloigner son mari le
plus possible. Désormais les deux époux ne
peuvent vivre heureux. Cette vie ne peut
continuer ainsi, la situation va toujours
s'aggravant. Fatalement le mari apprend
l'infidélité de sa femme car celle-ci, très
prudente au début, prend moins de précautions dans la suite, trouvant peu à peu
naturel de se donner à l'homme qu'elle aime.
Dès lors l'époux atteint dans son honneur,
méprise sa femme et il va la chasser du
logis conjugal, ne pouvant plus vivre avec
celle qui a traîné dans la boue l'honneur de
son nom.

Ils sont rares ceux qui pardonnent à
l'épouse infidèle ; nous sommes portés à
leur accorder raison. Cependant lorsqu'ils
ont des enfants quelques-uns souffrent
l'injure pour ne pas leur faire une vie trop
malheureuse ; mais le mari n'estime plus sa
femme, il n'y a plus dans le ménage cette
entente de tous les instants qui fait régner
la paix entre les deux époux et il n'y a plus
de bonheur familial possible. Le mari ou la

femme ne se donneraient pas à un amant
ou à une maîtresse que le bonheur conjugal
serait de même compromis si l'un ou l'autre
pensait à une tierce personne à qui il désirerait être uni ; cette infidélité de pensée
entraînerait forcément des dissentiments
dans le ménage. Sans fidélité il n'y a pas de
bonheur possible ; il faut donc que la femme
ne connaisse qu'un amant : son mari ; et
l'homme ne doit avoir que sa femme pour
maîtresse.

Les époux qui se sentent réciproquement
profondément aimés, heureux du choix
qu'ils ont fait, ne voudraient pas, même si
l'occasion se présentait, tromper leur conjoint. L'idée de l'adultère ne saurait germer
en eux. Pourraient-ils trouver ailleurs un
amour plus profond, plus sincère, qui leur
fasse goûter plus de joies ? Puis, si la faute
était consommée, quels remords ! Avoir trompé la confiance de leur être le plus cher !
Comment retrouver ensuite la fière assurance de jadis ? Quel souci pour qu'aucune
parole, aucun geste ne trahisse et n'amène
le soupçon ! Et ce souci lui-même ne sera-t-il
pas remarqué et compris ? Qui sait encore
si la « faute » ne serait pas un jour portée
plus ou moins indirectement aux oreilles
qui devraient tout ignorer ! Cependant, une
parole, un soupçon suffiraient pour briser à
jamais le bonheur !... Les époux qui ont

l'un pour l'autre une réelle affection et qui
désirent maintenir l'harmonie de leur ménage ne sauraient se laisser aller à l'infidé'ité.

En effet, c'est de l'amour et de la fidélité
réciproque des deux époux que naît une
confiance solide du mari et de la femme,
auxiliaire puissant du bonheur conjugal.
Cette confiance fait que le mari croit en son
épouse et que la femme croit en son époux
sans avoir besoin de preuves de sa conduite ;
les époux n'ont ainsi pas à craindre la
cruelle jalousie qui empoisonne la vie de
tant de ménages. Ils ne craignent pas d'être
trahis et, loin ou près, dans n'importe
quelles circonstances, ils sont assurés de
l'amour et de la fidélité de l'autre, ils goûtent
cette douce joie de la tranquillité, de la
quiétude absolue. Cette confiance fait que
les deux époux n'ont aucun secret l'un pour
l'autre ; ils se communiquent tout ce qu'ils
savent, tout ce qu'ils pensent, leurs moindres joies, leurs moindres douleurs, leurs
désirs, leurs espérances et ainsi ils goûtent
tout en commun ; les souffrances supportées à deux sont rendues plus légéres et les
joies sont doublées. Si le mari a confiance
en sa femme il ne trouve rien à redire à ce
qu'elle fait, il sait qu'elle emploie toute sa
bonne volonté à le satisfaire et que si elle ne
fait pas mieux, c'est qu'elle ne peut pas ;
dans ces conditions il n'a aucun reproche à

lui adresser, et les deux époux sont toujours contents l'un de l'autre.

Combien est différente la vie chez ceux qui ne connaissent pas cette confiance. Ils sont toujours à se soupçonner réciproquement de quelque trahison car ils ne connaissent pas les goûts, les aspirations, les pensées de l'autre ; peu à peu les soupçons apparaissent comme des réalités et on est torturé par une incertitude croissante. Les souffrances qu'on ne partage pas sont plus lourdes à supporter, les joies qu'on ne confie pas ne donnent aucun bonheur et, quoique marié, on est seul dans la vie. On ne compte plus sur le travail que fait l'autre, on ne compte pas sur ce qu'il dit, sur ce qu'il promet, il faut des preuves, toujours des preuves. Quoiqu'on fasse on est toujours mécontent l'un de l'autre, le caractère s'aigrit et cela cause souvent d'amères querelles entre les deux époux. Ce qui fait le plus souffrir c'est ce soupçon continuel qui porte à croire toujours que l'autre agit mal, qu'il pourrait faire mieux et qui oblige à contrôler tous les actes. La confiance réciproque et solide des deux époux est donc nécessaire pour qu'ils jouissent de leur bonheur dans toute la quiétude désirable. Sans confiance pas de tranquillité et partant pas de joie, sans confiance le bonheur du ménage se trouve gravement compromis.

Ajoutons encore qu'on ne doit pas retirer sa confiance à tout propos et porter des soupçons sans raison. Je ne dois pas me mettre en souci parce que ma femme a causé un instant avec mon voisin : si la conversation avait sa raison d'être, ma femme me l'apprendra sans que je l'interroge à ce sujet ; si le but de la conversation m'est préjudiciable, en ne montrant aucun soupçon je parviendrai bientôt, et sans que j'aie à m'en préoccuper, à découvrir la vérité...

Mais qu'on évite de faire naître le soupçon. Qu'on ne pense qu'à rendre heureux l'être avec lequel on a lié sa destinée : ce souci arrache de l'infidélité, fait grandir la confiance et donne une grande satisfaction intérieure tout en contribuant beaucoup à assurer le bonheur du ménage.

Un lien qui unit encore très étroitement les deux époux, c'est leurs enfants. Les enfants sont un souvenir vivant de leur amour, ils sont la chair de leur chair. Une femme peut ne pas aimer son mari mais elle aime le père de son enfant, de même un homme peut ne pas aimer sa femme mais il aime la mère de son enfant. Des époux qui ont le bonheur d'avoir des enfants s'aiment davantage ; leur affection s'est consolidée par les souffrances et par les joies communes supportées pour leur enfant, par les projets qu'ils ont faits en commun pour le

bonheur du cher petit être qui est eux deux
et qu'ils aiment tous les deux. Combien de
ménages désunis ont trouvé le bonheur à la
naissance d'un petit être innocent issu de
l'époux et de l'épouse en mésintelligence !
Ils veulent pour leur fils (ou leur fille) l'avenir le plus brillant possible, ils le veulent
heureux ; ils comprennent que l'enfant ne
pourra l'être si son père et sa mère sont
constamment en dispute et pour cette raison
la plupart font des concessions à l'époux ou
à l'épouse. Ils n'osent pas se disputer, se
battre devant leurs enfants et les querelles
sont ainsi évitées. Quelques-uns qui voudraient se séparer ou divorcer ne le font pas
pour ne pas assombrir l'existence des
enfants, pour ne pas compromettre leur
avenir. Les époux qui jusque-là avaient été
en désaccord vont avoir les mêmes ambi-
tions sur l'avenir de leur enfant puisque tous
les deux désirent son bien-être, et peut-être,
s'entendant sur ce point qui va être la
préoccupation essentielle de leur vie vont-ils
retrouver la paix du ménage qu'ils avaient
perdue.

Après la naissance d'un enfant le jeune
ménage a des occupations plus sérieuses.
Le père doit songer à travailler davantage
pour donner le plus de bien-être possible à
celui qui va être le but de sa vie et peut-être
cela va l'éloigner des cabarets et des lieux

de plaisirs ou on use sa santé et son argent,
et le bonheur du ménage ne peut qu'y
gagner. La jeune maman va avoir à faire
l'éducation de son enfant et, pour cela, il
faut qu'elle surveille elle-même ses propres
paroles, ses propres actes pour ne pas
donner un mauvais exemple et de mauvaises
habitudes à la jeune intelligence qu'elle doit
former. Elle va devenir meilleure, plus éclai-
rée, plus tendre et le bonheur de la famille
ne peut que s'accroître. L'amour maternel
et l'amour paternel qui se développent chez
les parents leur font connaître des sentiments élevés tels que l'abnégation, le
dévouement à leurs enfants ; cela les rend
plus indulgents pour les fautes d'autrui,
plus tolérants, cela augmente leur patience,
les rend plus prudents et leur empêche de
commettre certains actes dictés seulement
par la passion et l'irréfléxion.

On dit quelquefois que pour une famille
de pauvres ouvriers des enfants trop nombreux peuvent les mettre dans la misère...
Néanmoins tous les ménages devraient avoir
des enfants. C'est avec un plaisir ému que
les parents les voient grandir, qu'ils suivent

leurs progrès, qu'ils jouissent de leurs
succès et qu'ils se promettent de reposer
sur eux leur vieillesse prochaine. Dans toute
maison, riche ou pauvre, les enfants sont
indispensables pour conserver la paix et la
joie dans la famille.

La paix et le bonheur du ménage ne peut
encore subsister si les époux n'aiment pas
le travail. Sauf pour ceux qui sont excessi-
vement riches l'oisiveté entraîne vite la gêne
et la misère dans la famille. Le mari rend
volontiers sa femme responsable de cet état
de choses et la femme en accuse son mari :
voilà la source de violentes querelles. Les
créanciers se font nombreux et bientôt le
boulanger, fatigué de vendre à crédit, refuse
son pain, l'épicier et le boucher font de
même... comment vivre alors ? Il faut recou-
rir à des moyens humiliants, honteux et
peut-être affreux... Pour éviter ces malheurs
il faut aimer le travail, et même ceux qui
sont fortunés doivent travailler. Combien de
jeunes héritiers de grandes richesses se sont
trouvés pauvres pour ne pas s'être donnés
la peine de gérer leur fortune !... ils ruinent
ainsi leur famille et se font mépriser par les
honnêtes gens.

Quelquefois le ménage n'aboutit pas à la
misère complète parce que l'un des deux
époux aime le travail. Voyez un ménage où
le mari travaille beaucoup et la femme est

oisive ; à l'air triste de l'époux vous devinez qu'il n'est pas heureux. Celui qui ne travaille pas fait des dépenses car il faut qu'il occupe son temps à des futilités. La femme paresseuse ne pense qu'à la toilette, ne manque aucune fête, aucun bal..., elle aime le théâtre, les distractions de toutes sortes et qui toutes sont coûteuses. Le mari travaille donc pour permettre à sa femme de s'amuser, mais le bien-être de la famille ne s'accroît pas. Si l'époux veut s'opposer à cette vie de plaisirs cela va entraîner des disputes et le ménage ne peut plus vivre heureux. Quelquefois c'est la femme qui travaille pour nourrir son mari qui ne veut rien faire et on voit des hommes assez peu scrupuleux et assez lâches pour vivre du travail de leur épouse. Il est évident que la femme doit avoir une faible estime pour le paresseux qu'est son mari et cela doit entraîner forcément des disputes dans le ménage.

Il n'en est pas ainsi si le mari et la femme travaillent. Il n'y a que le travail qui peut assurer sinon la richesse du moins l'aisance de la famille et qui permet de tenir un rang honorable dans la société. Le travail est en même temps une saine distraction et il fait estimer les travailleurs. C'est encore lui qui entretien la bonne humeur parce que celui qui a bien travaillé est content de lui et des autres. Si les deux époux aiment le travail ils ne peuvent qu'accroître le bien être de la famille et le bonheur du ménage.

Enfin il est encore une chose importante que les époux doivent savoir : un jeune ménage doit vivre seul. Généralement les parents sont heureux du mariage de leur fils, ou de leur fille, et se promettent de faire tout ce qui est en leur pouvoir pour rendre douce la vie des jeunes époux. Mais, lorsque le jeune ménage habite avec les parents de l'un ou de l'autre des époux, la désunion survient assez souvent.

Cela s'explique. Les jeunes mariés qui viennent de s'unir aiment se cajoler, se montrer leurs tendresses par mille petites manières agréables agaçant les parents car ceux-ci, vieux, n'ayant plus les mêmes goûts, et peut-être aussi ennuyés de ne plus pouvoir en faire autant, oublient que ces « manières » sont inséparables de la douce « lune de miel » ; ils veulent se montrer gens pratiques d'expérience, et faire comprendre que ces « façons » sont inutiles, superflues, puisqu'elles auront, hélas ! une fin.

Nous, nous conseillons aux jeunes époux de faire durer le plus possible, cette délicieuse lune de miel car elle doit remplir pour toujours l'esprit de souvenirs agréables et touchants : souvenirs qui aideront à coup sûr à faire supporter les contrariétés de la vie.

Même lorsque les parents acceptent patiemment qu'en leur présence les jeunes époux se cajolent, et voient avec satisfaction leurs élans de tendresse, ils sont cependant encore un obstacle aux douceurs de la lune de miel, car les jeunes époux, gênés, ne se manifestent pas leur amour librement comme ils désireraient et comme il le faudrait : c'est une pierre qui manque à la solidité de l'édifice du bonheur du ménage.

De plus, il est à craindre que les jeunes époux, obligés de garder une certaine réserve, se trouvent, dès le début, désillusionnés en partie sur les joies que semblait leur apporter le mariage, et s'aigrissent.

Souvent encore les parents compromettent l'initiative du jeune ménage. Pleins de force, de santé et de confiance, pensant surmonter facilement toutes les difficultés, les jeunes époux, tout en jouissant de leurs années de jeunesse, veulent s'assurer un avenir heureux et aisé ; confiants en leur savoir, ils crient haro sur la routine, ils veulent user d'initiative, tenter des entreprises et mettre à profit le progrès... Mais les parents sont là qui s'élèvent contre toute idée qui leur paraît nouvelle et un peu hardie ; vantant leur expérience, ils veulent la prudence. Ils n'ont pas toujours raison. En tous cas, le jeune mari, si avide d'agir, est arrêté dans ses projets, ou se voit tout au

moins très censuré, et bien souvent désap-
prouvé. Bref, il y a dans la maison deux
volontés désireuses du commandement :
or, dans toute société, même dans celle de
la famille il ne saurait y avoir deux chefs
sans que le désaccord arrive bientôt.

Le trouble peut encore survenir de ce
que les parents, quoique ayant accepté très
volontiers le gendre ou la bru, seront portés
à avoir pour leur enfant une affection qui
sera au détriment de l'autre époux. Ils se
figureront que leur enfant n'est pas assez
aimé, choyé par le gendre (ou la bru), et ils
montreront fatalement ce sentiment à celui-
ci, lequel choqué de ce manque de confiance
s'aigrira bientôt. Ce sera alors le commencement du trouble dans le jeune ménage,
même si les époux veulent se garder
mutuellement avec un amour profond, car
l'un d'eux aura à lutter entre le devoir et
l'amour...

Donc, et pour toutes ces raisons, que les
jeunes époux n'habitent pas avec les parents
lorsque ceux-ci ne sont pas vieux. C'est le
meilleur moyen pour que l'accord parfait
règne entre les jeunes époux et les parents,
et il n'y a pour ceux-ci aucun froissement
si cette vie de famille ainsi séparée a été
prévue avant le mariage. Toutefois, plus
tard, lorsque la grande flamme est passée et
que les époux se connaissent parfaitemen

au physique et au moral, il y a moins
d'inconvénients à ce que le ménage habite
avec les parents.

Mais l'inconvénient disparait si les parents
sont vieux car alors ils se sentent faibles et
ils confient volontiers les rênes de la maison
aux jeunes époux auxquels ils accordent
toute leur confiance ; en outre, ils apprécient
beaucoup le jeune ménage qui leur donne,
— comme c'est naturel, juste et un devoir —
tous les soins que réclame leur vieillesse, et
ils s'attachent même profondément à l'époux
qui n'est pas leur enfant.

Si tous les conseils que nous avons
donnés sont suivis, le ménage a bien des
chances d'être heureux. Cependant pour que
le bonheur soit établi plus sûrement il est
indispensable que la femme et le mari rem-
plissent, chacun, certaines conditions.

Qualités que doit posséder la femme

C'est à la femme qu'échoit le rôle d'être
la petite fée vigilente et active du foyer.

Fée vigilente, elle sera la gardienne de
l'amour. La femme qui veut conserver
l'amour de son mari doit tâcher de conserver
sa beauté par tous les moyens dont elle
dispose. Elle ne doit pas négliger sa toilette,
il faut qu'elle la fasse de son mieux, avec le
plus de goût possible pour faire valoir le
plus qu'elle peut tous ses avantages physi-

ques. Elle doit observer une propreté absolue
de sa personne et de ses vêtements pour que
son mari ait du plaisir à la câliner ; malpropre elle inspirerait du dégoût et, la grande
flamme passée, elle serait peut-être repous-
sée par son mari : rien n'est si laid qu'une
femme en peignoir sale, les cheveux en
désordre... Qu'elle soit, au contraire, coquette ; sa tenue doit être très propre, sans
recherche, simple, mais toucher au goût.
Qu'elle n'oublie pas que la coquetterie doit
encore subsister après le mariage, et qu'elle
sache que la bonne coquetterie se passe de
luxe et consiste surtout à mettre du goût
dans la façon de se coiffer, de s'habiller... ;
mais qu'elle n'exagère pas ses soins de
toilette : ce n'est pas cela seul qui doit
l'occuper. Il faut aussi qu'elle pense aux
autres membres de la famille, qu'elle s'assure si leurs vêtements sont propres et en bon
état ; ce ne serait pas de bon ton si l'épouse
avait une mise soignée tandis que le mari et
les enfants seraient négligés. Quant à elle,
si elle use, comme il convient, de l'art de
plaire, elle en sera recompensée par la
bonne humeur de son mari, par le plaisir
que celui-ci aura de la regarder, de rester
auprès d'elle, de faire avec elle de petites
promenades, et par la grande satisfaction
qu'elle éprouvera de voir qu'elle plaît toujours à son mari.

Fée active du foyer, la femme aimera son
intérieur et le fera aimer. Pour cela il faut
qu'elle fasse régner dans ses appartements
la plus grande propreté, que tout brille, tout
reluise, qu'on sente qu'une main de femme
a passé par là ; aucun grain de poussière ne
doit faire dire que la femme est négligente,
peu soigneuse. A cette propreté s'ajoute
l'ordre qui fait que la maison est agréable à
habiter, qu'on regarde avec plaisir, les meubles, les bibelots, toutes choses rangées
harmonieusement. La femme qui veut et qui
a un certain goût du beau peut par des
petits riens embellir son chez soi, le rendre
accueillant : un bouquet de fleurs sur une
cheminée, un vase, des photographies,
quelques jolis tableaux placés avec goût
font coquet un appartement, et sont pourtant
des choses à la portée du plus modeste
ménage. Il est une pièce que la femme
soucieuse de son bonheur doit soigner plus
que les autres : c'est la chambre à coucher ;
il faut qu'elle fasse une chambre d'amoureux
en l'enjolivant par tous les moyens dont elle
dispose : bibelots, fleurs naturelles ou arti-
ficielles, joli lit bien blanc et bien propre... ;
c'est là surtout que le plus léger désordre ne
serait pas excusable. Dans un tel intérieur
le mari ne peut que s'y plaire ; le foyer
devient un port où le mari aime s'arrêter et
se reposer à l'abri des agitations et des

luttes du dehors. Sa journée de travail achevée, le mari rentre volontiers dans cet
intérieur gai, quelque peu artistique, et où
il devine l'effort de sa femme pour le rendre
heureux. Si, au contraire, la maison est
négligée, sale, en désordre, le mari s'y sent
malheureux, et, son repas pris, il s'en va
chercher ailleurs, au cabaret le plus souvent,
un lieu plus agréable où il puisse oublier ses
fatigues de la journée, désormais il délaisse
plus ou moins la maison et prend, hélas ! la
funeste habitude de gaspiller son temps,
son argent et sa santé : ce qui amène bien
des ennuis dans le ménage ; et c'est souvent
la seule faute de la femme.

La femme doit aussi soigner sa cuisine,
c'est-à-dire l'estomac de son mari. C'est
encore là, pour elle, un moyen d'avoir son
mari en bonne humeur car les mauvaises
digestions prédisposent aux idées noires,
tandis que les petites gâteries rendent gai
et porté à l'indulgence. Le mari un peu gâté,
et auquel de temps à autre la femme fait
quelque petite surprise culinaire, éprouve
une plus grande affection pour sa femme
qui s'efforce de lui faire plaisir et de le bien
soigner. Mais si la femme néglige la cuisine,
le mari est bientôt choqué du peu de bonne
volonté que sa femme met à lui conserver
la santé et à lui assurer le bonheur ; il
devient irritable et de son côté il ne s'efforce

plus à rendre heureuse celle qui néglige de
le soigner.

Que la femme s'occupe minutieusement
des soins de la maison. Qu'elle n'y néglige
rien, qu'elle fasse un intérieur agréable et
une cuisine soignée : c'est son rôle. Celle
qui aime les commérages de la rue, qui est
constamment à la recherche du dernier
scandale du village ou du quartier, ou
simplement de la dernière nouvelle, chasse
le bonheur de son foyer. Pour se trouver à
la rue, elle néglige son intérieur, de plus,
non seulement elle amène tôt ou tard le
discrédit dans le ménage, mais encore elle
fait naître fatalement la jalousie, commencement de doute et de discorde. La femme
doit savoir qu'elle n'est point faite pour la
rue, ni pour les luttes du dehors ; tout en
elle y répugne, sa force, son charme, sa
douceur et la pudeur dont elle ne doit point
se départir si elle veut rester estimée et
et affectionnée de son mari.

Elle ne sera point portée à aimer les
commérages de la rue si elle songe aux
fatigues du mari qui, lui, peine du matin au
soir pour assurer l'aisance du ménage. Au
contraire, elle s'occupera de son intérieur
car elle pensera que son mari arrivant fatigué du travail veut trouver un peu de joie et
de repos, et qu'il se sentira bien délassé si,
quand il arrive, il voit la maison en ordre,

les enfants propres, le repas prêt, s'il remar-
que que sa femme fait son possible pour
le rendre heureux et pour faire honorer le
ménage.

Lorsque le mari rentre du travail il est
généralement porté à la gaîté. La perspective d'un repos gagné qu'il passera en
compagnie de sa femme, entouré de ses
enfants, dans une maison propre, gaie, joyeuse, le rend heureux. Au lieu de l'accueillir,
comme cela arrive quelquefois, froidement
ou par des mots irrités parce que le chat
a touché au fromage, ou parce qu'une
assiette lui a glissé des mains..., la femme
ferait bien mieux de recevoir son mari avec
gentillesse, et d'entretenir et d'accroître son
contentement. Il ne lui en coûterait pas
plus : avec un peu de bonne volonté on est
presque aussi facilement de bonne humeur
que de mauvaise humeur. Une parole bien
placée à l'arrivée du mari, la compassion
visible pour ses fatigues, le souci de son
repos, un bonjour aimablement dit le sourire aux lèvres, rappelant celui amoureux
des premiers jours de mariage, un doux
regard, un geste aimable, l'impatience
marquée de l'attente, sont autant de choses
qui rendraient le mari content, heureux, lui
inspireraient des sentiments de courage
dans le travail, de confiance dans l'avenir,
et le ferme désir de contribuer pour sa part

au bonheur du ménage. Et les époux bénéficieraient aussi du moment agréable.

Quelquefois le mari est pensif, plongé dans la réflexion ; quelque souci l'absorbe. Que la femme lui demande alors, avec gentillesse et ménagement, les raisons de ce souci pour le partager et donner conseil si elle peut. Qu'elle ne le brusque pas sous prétexte qu'à ce moment il n'est pas porté aux tendresses; mais qu'elle lui montre une plus grande affection en participant visiblement à sa peine, qu'elle lui fasse comprendre qu'elle est prête à l'aider et à payer de sa personne pour vaincre la difficulté. Le souci, ainsi partagé, devient plus facile à supporter et bien des fois il est du même coup anéanti.

La femme doit montrer partout sa douceur, même dans l'obéissance. Cela ne veut pas dire qu'elle doit servilement se livrer à la volonté de son mari. Si autrefois elle était considérée comme un être inférieur (ce qui existe encore dans certains pays), elle tend de nos jours, et avec une certaine raison, à se montrer l'égale de l'homme. Même lorsque la loi lui ordonne l'obéissance, elle ne veut pas dire que le mari doit considérer son épouse comme un être devant se plier à toutes ses fantaisies. La loi suppose l'homme " raisonnable " et " juste ", n'abusant pas de l'autorité qui lui est conférée ;

si elle veut que la femme obéisse, c'est
sans doute encore une question de tradi-
tion, mais c'est surtout parce que dans la
famille, comme dans toute société, il faut
un chef, et qu'il est assez naturel que le
chef soit celui qui par son physique et par
son caractère est fait pour porter le poids
des affaires et pour maintenir l'honneur.

Mais s'il est vrai que les hommes sont
plus réfléchis, plus capables, plus intelli-
gents que les femmes ; combien le sont
moins ! Dès lors que le mari ne néglige
pas l'avis de sa femme, et que celle-ci ne soit
pas capricieuse et têtue (beaucoup le sont
malheureusement) et qu'elle sache se sou-
mettre à la décision réfléchie de son époux.
D'ailleurs, celui-ci, s'il a des droits, a aussi des
devoirs, et le souci de maintenir sa famille
dans un rang honorable fait qu'il ne néglige
pas l'opinion de sa femme lorsque cette
opinion est sensée. Il serait excellent sans
doute qu'avant toute entreprise le mari et
la femme émettent chacun leur avis, discu-
tent sur la meilleure voie à suivre, et que
leur raisonnement seul finisse par les
mettre tout à fait d'accord. Mais la chose
n'est guère possible. C'est pourquoi le mieux
serait peut-être que le mari cède à la femme
le commandement pour ce qui concerne
l'intérieur de la maison, et elle, lui abandon-
nerait alors volontiers la direction des affai-

res qui ne regardent directement l'intérieur.
Dans ce cas, le commandement étant partagé, si chacun des époux est un peu raisonnable, l'accord règnera facilement.

Mais nous conseillons à la femme de ne s'obstiner à vouloir « porter les culottes ». Elle n'est point faite pour cela, même si par son intelligence elle se croit supérieure au mari ; sauf dans quelques très rares ménages où le mari accepte timidement et bénignement à remettre à sa femme le soin de mener la barque, la femme qui voudrait être autoritaire aménerait toujours la désunion. Un mari qui a de l'amour propre et de la fierté, qui a conscience de son rôle et de sa mission, ne tolèrera jamais de tomber dans le ridicule en se soumettant passivement à tous les caprices de sa femme. D'ailleurs la femme qui estime son mari et qui tient à en être fière ne veut pas qu'il devienne ainsi un sujet de risée publique.

Enfin, nous l'avons dit, c'est encore à la femme qu'incombe le soin d'élever les enfants. En général, le père en est, par son travail, tenu éloigné et ne passe auprès d'eux que quelques heures de la journée. La mère de famille fera en sorte que les enfants aiment bien leur père quoiqu'ils le voient peu ; elle leur parlera souvent de lui, de son dévouement. Rien n'est plus doux, plus agréable pour le père qui rentre à la maison que de sentir qu'en son absence on a causé de lui, et que de voir ses petits enfants gais, propres, accourir à sa rencontre, essayer de grimper à ses jambes, lui manifester leur tendre affection par un « Bonjour, papa », gentiment dit, et par une bonne petite caresse. Que la mère de famille élève bien les enfants, qu'elle fasse en sorte que le mari en soit fier et heureux. Et celui-ci devinant l'effort de sa femme pour le rendre satisfait et fier de son ménage se dépensera tout entier pour assurer la joie et l'honneur de sa famille. Ainsi les enfants consolideront grandement le bonheur du ménage.

Observation. — En exposant ci-dessus les qualités que doit posséder la femme, nous avons supposé qu'elle n'était pas obligée d'accomplir, en dehors de ses soins du ménage, une journée de travail, ou qu'elle disposait tout au moins du temps nécessaire pour s'occuper suffisamment de son intérieur.

En effet, il est évident que la difficulté se complique si la femme est obligée d'être ouvrière à la journée, ou même d'aider le mari dans son travail. Cependant les raisons que nous avons données nous paraissent indispensables pour le bonheur du ménage ; jamais l'intérieur de la maison ne doit être négligé.

Or, il ne convient pas qu'après une dure
journée de travail au dehors de la maison la
femme continue à se fatiguer en s'occupant
de la cuisine et du nettoyage pendant que
son mari se prélasse et la regarde se déme-
ner tout en fumant paisiblement sa pipe, ou
s'en va déguster à son aise une funeste
absinthe en attendant l'heure du repas ou
bien le moment où la maison sera en ordre
et propre. Nous espérons que le mari saura
alléger la tâche de sa femme. Il serait lâche
s'il supportait que sa femme déjà fatiguée,
fasse, pour lui donner un intérieur agréable,
une seconde journée de travail pendant qu'il
se repose. L'accord parfait ne règnerait pas
longtemps. La femme s'aigrirait bientôt
contre un tel mari, indolent et insensible ;
son surmenage lui ferait vite détester la vie
de famille où, désillusionnée, elle ne trouve
que surcroît de soucis, et bientôt elle négli-
gerait beaucoup de petites choses indispensables au bonheur du ménage. Elle n'aurait
pas tout à fait tort, mais le bonheur serait
sur le point de s'envoler. Si au contraire, le
mari, au lieu de se prélasser, surveille la
cuisine, enlève la poussière, amuse « bébé »
qui revient de l'école maternelle... cherche,
par n'importe quel moyen, à rendre plus
légère la tâche de sa femme, celle-ci trouvera
presque toujours suffisamment de temps
pour soigner comme il convient l'intérieur

de la maison ; de plus, encouragée, elle fera
tout mieux et plus facilement car elle le fera
volontiers. Et un mari qui est peu intelligent
ne se croit pas déshonoré en se pliant aux
petits travaux que nous venons d'énoncer.
S'il s'agit d'une famille de cultivateurs la
solution est plus aisée à résoudre ; le mari,
au lieu de garder sa femme au champ jusqu'au moment où lui-même quitte le travail
doit la renvoyer assez tôt à la maison pour
qu'elle ait le temps de s'occuper de tous les
soins que réclame le ménage. Ainsi il y a
beaucoup de chances pour que les époux
vivent heureux car, la peine et le travail,
lorsqu'ils sont partagés, augmentent le
bonheur en unissant plus étroitement les
cœurs.

Qualités que doit posséder le mari

Le mari a lui aussi un rôle à remplir. La
femme qui est surtout un être de sentiments
a besoin de beaucoup d'affection et c'est le
mari qui doit la lui donner pour qu'elle ne
soit pas tentée d'aller la chercher hors du
foyer conjugal. Que le mari aime sa femme
et le lui fasse sentir; il est ainsi sûr de
se faire beaucoup aimer et l'épouse est
heureuse de le servir.

Il lui montrera beaucoup d'affection en
la protégeant dans toutes les circonstances

car rien n'est doux et bon pour une femme comme de sentir quelqu'un qui la protège. La femme est un être faible qui reconnaît sa faiblesse, c'est pour cela qu'elle veut, pour être défendue, un mari fort, qui s'affirme, qui ait un caractère bien trempé ; avec celui-là elle est heureuse, elle se soumet volontiers à lui, et lui devient son " dieu ".

Il faut aussi que le mari sache faire plaisir à son épouse par de petites attentions, de petits riens qui raviveront son amour: une fleur au retour d'une promenade, un petit souvenir apporté d'un voyage, un petit cadeau pour sa fête émeuvent délicieusement toute femme. Au retour du travail, après quelques heures de séparation, il ne doit pas oublier de lui montrer son affection et le plaisir qu'il a à se retrouver avec elle par un bon mot, une parole galante, un doux regard, un sourire aimable... D'ailleurs comme il y a différentes manières de montrer son affection, le mari doit chercher celle qui convient le mieux à l'intelligence et au caractère de sa femme. S'il arrive en maugréant cela mécontentera son épouse qui attendait peut-être impatiemment le retour de son mari, ou qui s'était efforcée de faire quelque chose pour lui plaire.

Le mari doit comprendre lorsque sa femme met de la bonne volonté et il doit lui montrer sa satisfaction. Lorsqu'un repas a été bien préparé, lorsque les appartements ont été particulièrement nettoyés et embellis, après toute amélioration apportée par la femme dans le bien être de la maison, après tout perfectionnement moral, il faut que le mari loue l'effort et le souci. Les femmes sont un peu, à ce point de vue, comme les enfants, elles veulent être encouragées, un peu flattées. Le mari doit donc se montrer content, heureux de tout effort accompli par son épouse, et doit surtout lui prouver sa satisfaction par des sentiments et des manières gentilles plutôt que par une abondance de paroles.

Que le mari n'oublie pas aussi que toute femme est un peu vaniteuse et veut être fière de son époux. Donc, qu'il ne se néglige pas, qu'il se "tienne bien", qu'il soit aimable; à ces qualités extérieures qu'il joigne un jugement sûr et il sera estimé, apprécié en public, et son épouse l'en aimera davantage.

Le rôle de la femme est, comme nous l'avons dit, de s'occuper de l'intérieur et de le rendre aussi agréable que possible. Mais elle ne peut vivre constamment dans la maison; le mari saura le comprendre et lui donner les distractions nécessaires. Toute femme aimant le bal, il peut l'y amener un instant ; il l'amenera aussi quelquefois au théâtre... Mais ces distractions seront assez rares pour que la femme ne prenne pas le goût des plaisirs et des fêtes.... Il usera davantage des promenades à la campagne qui ne présentent aucun inconvénient et qui ont l'avantage, tout en récréant, de fortifier la santé et de faire goûter le beau. La nature offre à qui sait la comprendre et à qui sait l'aimer des jouissances infinies, jouissances saines et fortes ; après une jolie promenade, on revient plus amoureux, plus épris l'un de l'autre, plus désireux de se faire plaisir ; il semble qu'on goûte davantage l'intimité de sa maison. Toutes ces distractions prises en commun entre-tiennent chez les deux époux un amour solide et durable, leur donnent du bonheur, et les font ensuite travailler avec plaisir.

Que le mari sache encore intéresser sa femme à ses affaires, qu'il lui demande conseil en tout, (quitte d'ailleurs à agir ensuite à sa guise, s'il juge ses propres raisons meilleures). La femme sera fière de cette conduite, elle pensera que son mari l'appré-cie puisqu'il désire son avis et elle l'affec-tionnera davantage.

Il faut enfin que le mari aime le travail. Le travail lui permet d'accroître le bien-être de sa famille, de bien élever ses enfants, et de devenir plus indépendant. La famille du mari travailleur est estimée et les époux, fiers de cette estime, ont à cœur de la mériter toujours et, ne voulant pas la voir ternir par des actes blamables et des querelles intestines, ils s'efforcent, chacun de leur côté, de se bien conduire et de maintenir l'harmonie entre eux. En outre, la femme ne reste généralement pas indifférente devant les fatigues du mari qui cherche par son labeur à rendre sa famille plus heureuse, elle s'fforce de s'occuper, elle aussi, dans l'intérêt du ménage ; stimulée, elle s'acquitte de son mieux du rôle qui lui est dévolu, touchée, elle fait son possible, par tous les moyens dont elle dispose, pour rendre heureux son époux lorsque, sa rude journée accomplie, il retourne au foyer. Ainsi le bonheur du ménage ne peut qu'y gagner.

Combien est différente la vie du ménage si le mari n'aime pas le travail. Nous l'avons dit plus haut. Fatalement ce sera la misère et la brouille ; la ruine et le déshonneur seront bientôt jetés dans la famille, car la paresse engendre les vices ; le mari paresseux recherche un passe-temps au café, au jeu..., il y devient un habitué, et désormais boit et joue les larmes et le sang de sa famille... Nous ne saurions trop le répéter, il faut que le mari aime le travail.

Une chose encore. Il y a certains moments où la femme désire être seule : c'est quand elle fait sa toilette, quand elle fait la cuisine, ou quand dans un travail elle doit faire apparaître son goût. Il faut savoir la laisser libre à ces moments-là. — Quelqu'un a dit « Le mari qui pénètre dans le cabinet de toilette de sa jeune femme est un philosophe ou un imbécile ». La femme fait sa toilette pour elle et pour son mari ; si celui-ci est présent au moment où elle se fait coquette elle n'aura plus autant de plaisir à être propre et à paraître jolie. Qu'on respecte la pudeur de sa femme et on en sera récompensé. En tous cas, c'est faire sûrement plaisir à sa femme que de la laisser faire librement sa toilette car elle a ensuite la satisfaction de montrer combien son costume neuf lui va bien, comme sa coiffure la change avantageusement... et c'est pour elle un réel plaisir. — Quand la femme prépare les repas elle n'aime pas qu'on la dérange, ni qu'on vienne près d'elle. Elle a besoin de toute son attention pour faire bien ; et puis, ses doigts peuvent être noircis, des épluchures peuvent être sur la table... et il ne lui plaît pas de se montrer sous un jour qu'elle croit à son désavantage et de laisser voir la cuisine où l'ordre n'est pas encore. — Selon le travail qu'elle fait : joli ouvrage de fantaisie, vêtement pour son mari..., la femme aime mieux le faire seule pour avoir le plaisir de montrer ensuite, avec un certain orgueil, le travail qu'elle a fait en l'absence du mari. — Ces petites susceptibilités — désir de plaire et d'être aimée — un mari affectueux les devine et les respecte.

En résumé le mari doit prodiguer à sa femme beaucoup de tendresse et lui montrer toute sa satisfaction pour tout acte de bonne volonté dont elle fait preuve. Il est sûr ainsi de rendre sa femme heureuse, de l'encourager au travail et de se faire beaucoup aimer par elle.

Fin

Si nous avons cru bon de donner ci-dessus quelques conseils pour faire trouver le bonheur en ménage, c'est que tous ceux qui se marient ne sont pas heureux et que bien souvent ils auraient pu éviter la querelle qui a jeté chez eux la désunion s'ils avaient eu plus d'expérience ou s'ils avaient été plus réfléchis, nous l'avons dit.

Hélas ! Combien y a-t-il de ces ménages où aucune journée ne se passe sans de violentes querelles, où aucun repas n'est pris dans la tranquillité ; combien y a-t-il de maris tristes traînant avec peine la lourde charge que leur impose la vie avec leur épouse ; combien de femmes pleurent en

silence et déplorent le jour funeste où elle se
sont unies à leur mari! Quelques-uns se
séparent ne pouvant plus vivre en commun,
d'autres divorcent, il y en a même — ils sont
rares cependant — qui mettent fin à leur vie.
Ceux-là ne sont pas heureux. Mais, d'où
vient qu'ils ne peuvent avoir la paix chez
eux? La raison est simple; c'est qu'ils n'ont
pas trouvé leur conjoint aussi parfait qu'ils
le croyaient. Eh bien, pour avoir la paix
dans le ménage, il faut la « vouloir » et
faire tout dans ce but; il faut savoir aussi
qu'il n'est personne de parfait, que chacun
apporte ses imperfections plus ou moins
grandes : ce serait une utopie que prétendre
trouver un mari, ou une femme modèle, qui
ne se tromperait jamais; il ne faut pas vouloir l'impossible et surtout ne pas demander
aux autres ce que soi-même on ne pourrait
donner.

Il est évident que lorsqu'on est appelé à
vivre ensemble pendant toute une vie il y a
forcément un moment ou l'autre quelque
conflit dans le ménage, et, quelque soin que
l'on prenne, l'un des deux époux sera peut-
être blessé de quelque parole ou quelque
agissement de l'autre. Mais lorsqu'on s'aime
vraiment combien facilement on se par-
donne la peine qu'on s'est faite ; c'est avec
plaisir qu'on sourit à celui qui vous a fait
mal lorsqu'il sait faire oublier ce qu'il a fait,

par un geste marquant de repentir et par quelque caresse. Ces petits dissentiments, loin de créer un abîme entre les deux époux, les rapprochent, et, si cela est possible, ils s'aiment davantage après, car rien n'unit plus une personne à une autre que de souffrir par elle, si la souffrance est relativement légère. L'amour des deux époux, loin de diminuer ne fait ainsi que croître, augmenté chaque jour de nouvelles joies, de nouvelles douleurs supportées en commun; et, ainsi unis tous deux, ils peuvent traverser des rudes épreuves de la vie en conservant toujours le bonheur si doux de se sentir aimés et de pouvoir trouver une consolation auprès de la personne la plus chère. Il est presque impossible qu'un mari et une femme qui s'aiment d'un amour profond soient malheureux en ménage; ils trouveront le secret de leur bonheur dans leur amour, c'est lui qui leur dictera tout ce qu'il faut pour se faire mutuellement plaisir et pour avoir toujours la paix et le bonheur chez eux.

TABLE DES MATIÈRES

		Pages
I.	— Notre but......................	5
II.	— Il faut se marier, chacun le peut...	9
III.	— Ne restez pas vieilles demoiselles..	17
IV.	— Ne restez pas vieux garçons.......	23
V.	— Célibat excusé....................	29
VI.	— Désirs du jeune homme et conseils à la jeune fille.................	31
VII.	— Désirs de la jeune fille et conseils au jeune homme..................	54
VIII.	— Formalités et contrats.......... .	71
IX.	— Guide du bonheur en ménage......	87

www.ingramcontent.com/pod-product-compliance
Lightning Source LLC
Chambersburg PA
CBHW052215270326
41931CB00011B/2365